TRAVELING *Buddies*

Activity Books On The Go | Vol -2 | Mazes & How To Draw

ActivityCrusades

Published by Speedy Publishing Canada Limited

Mazes

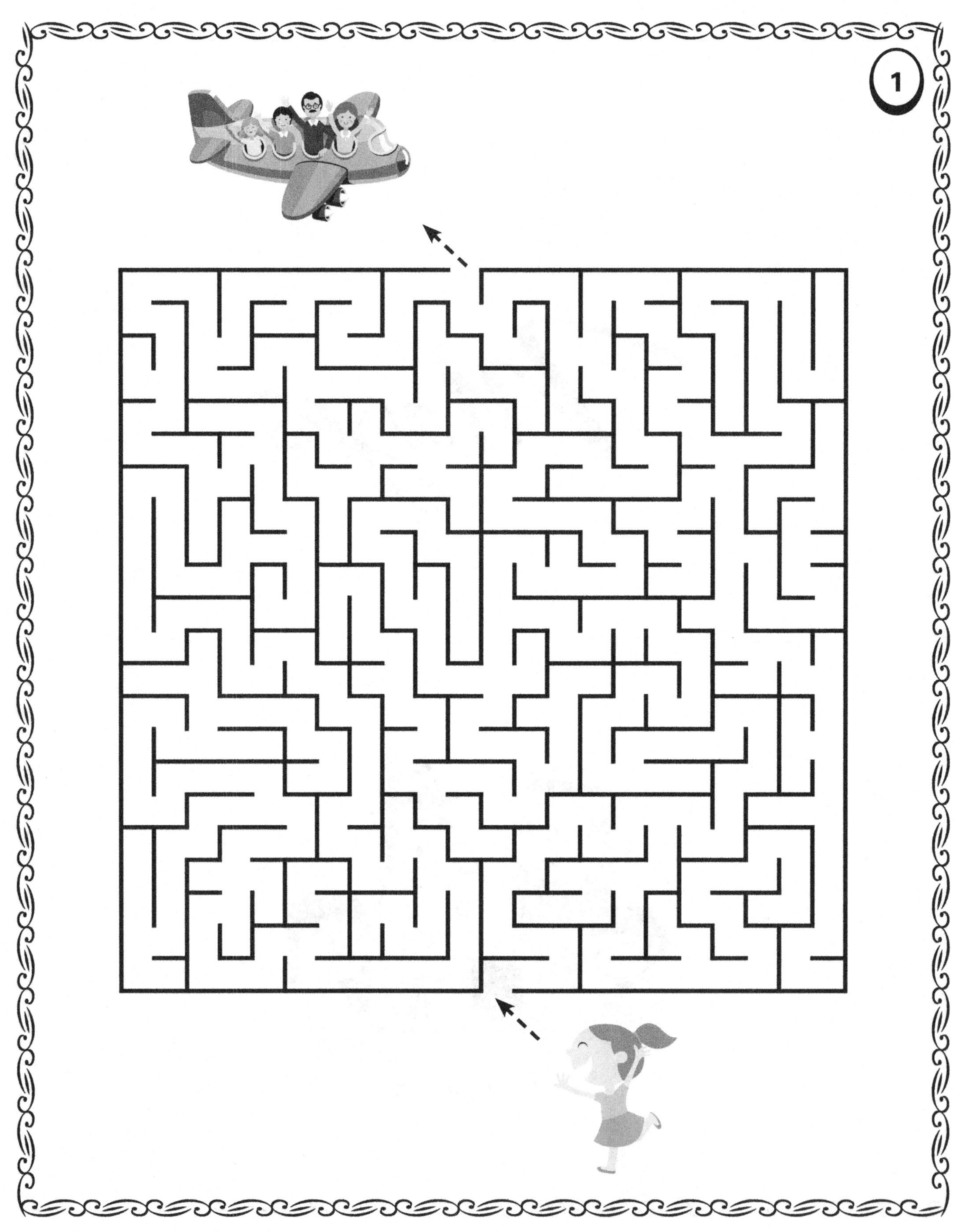

2

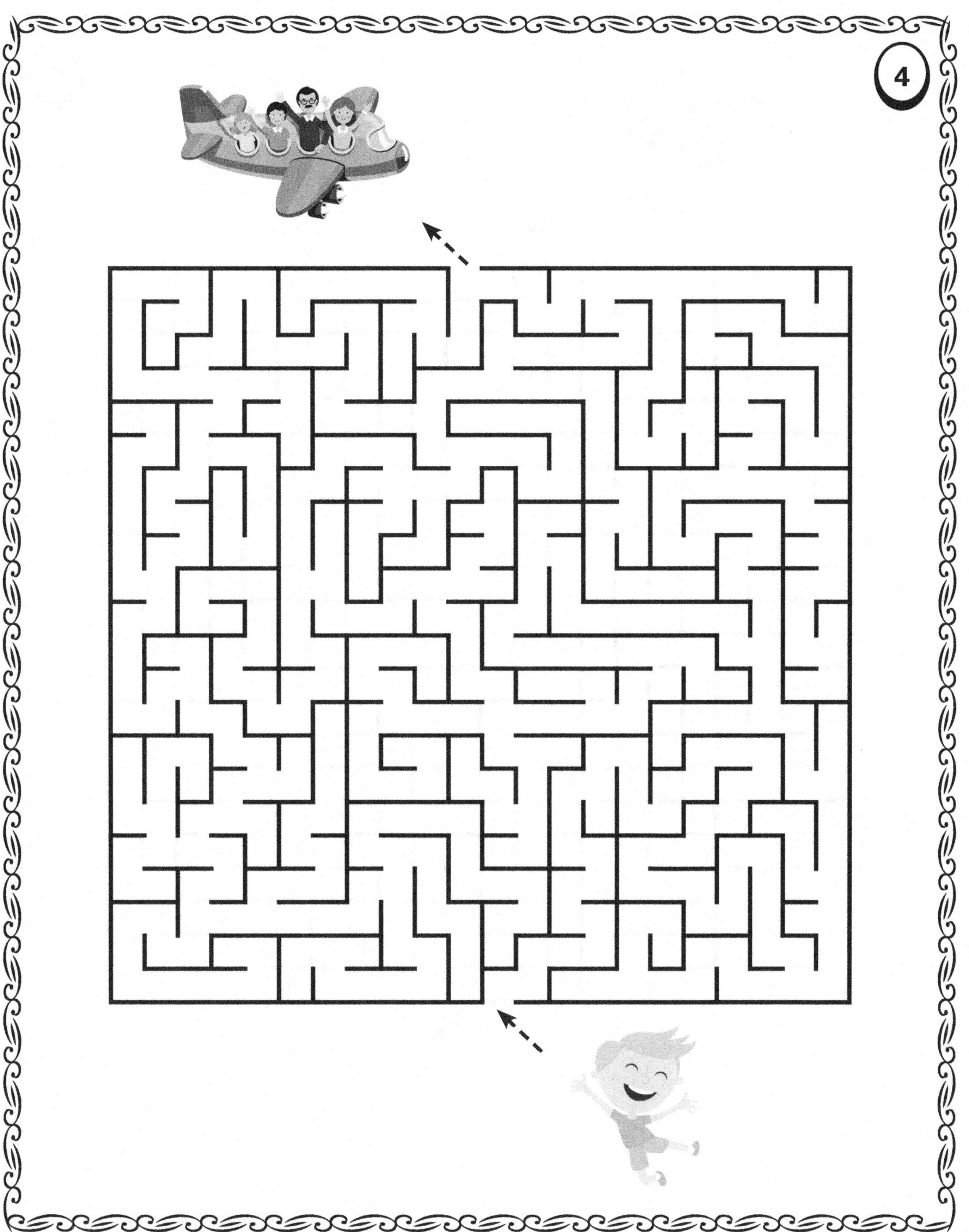

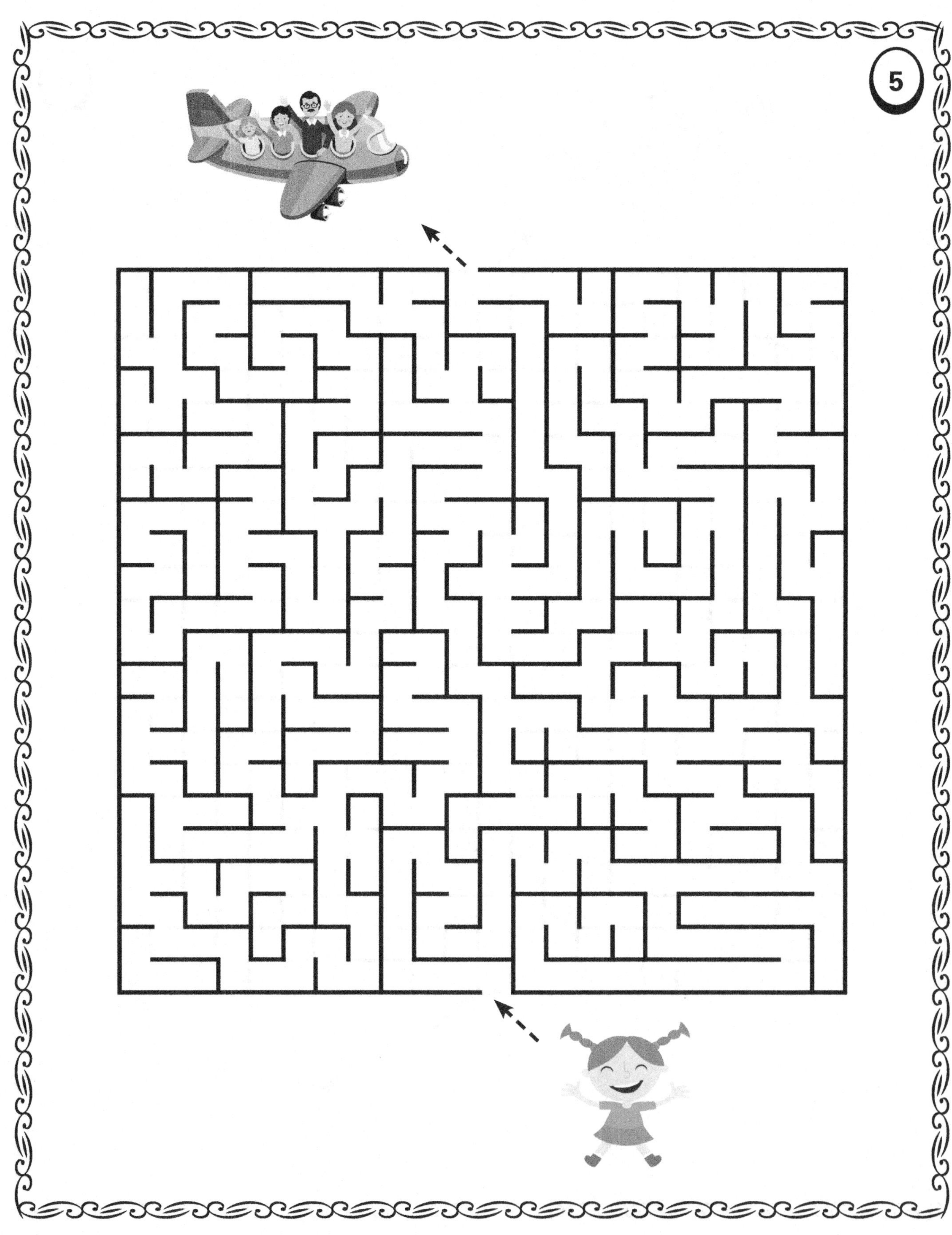

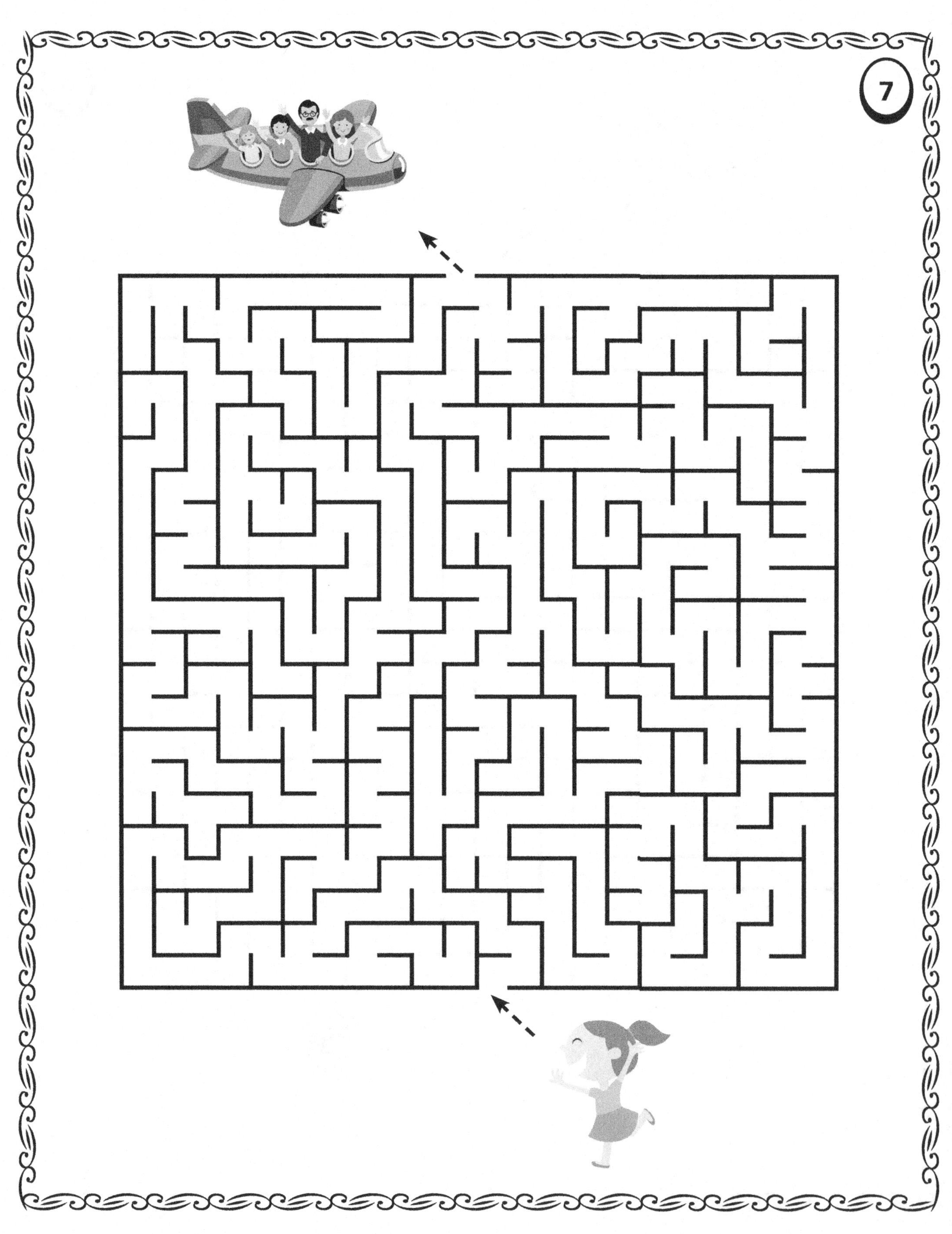

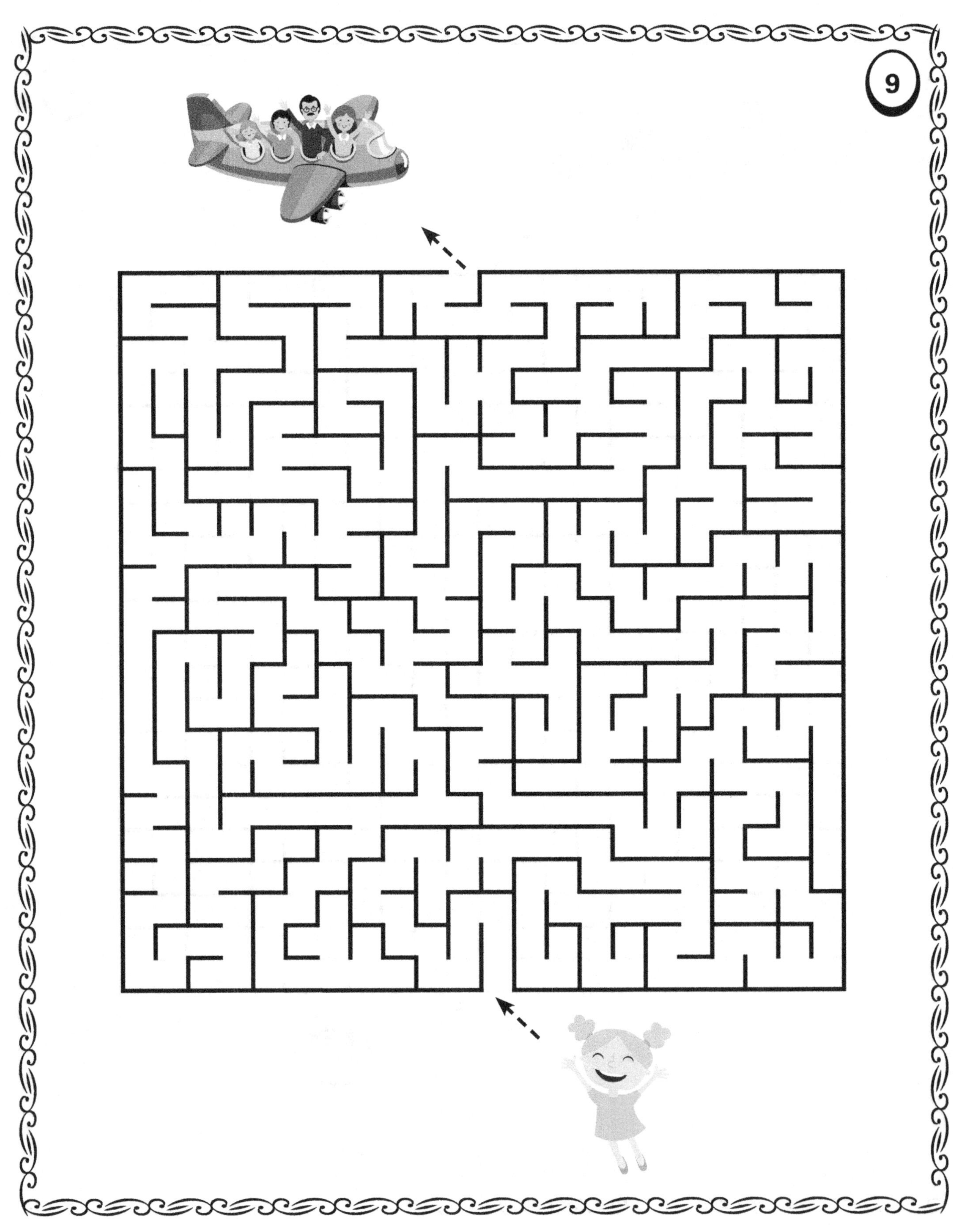

14

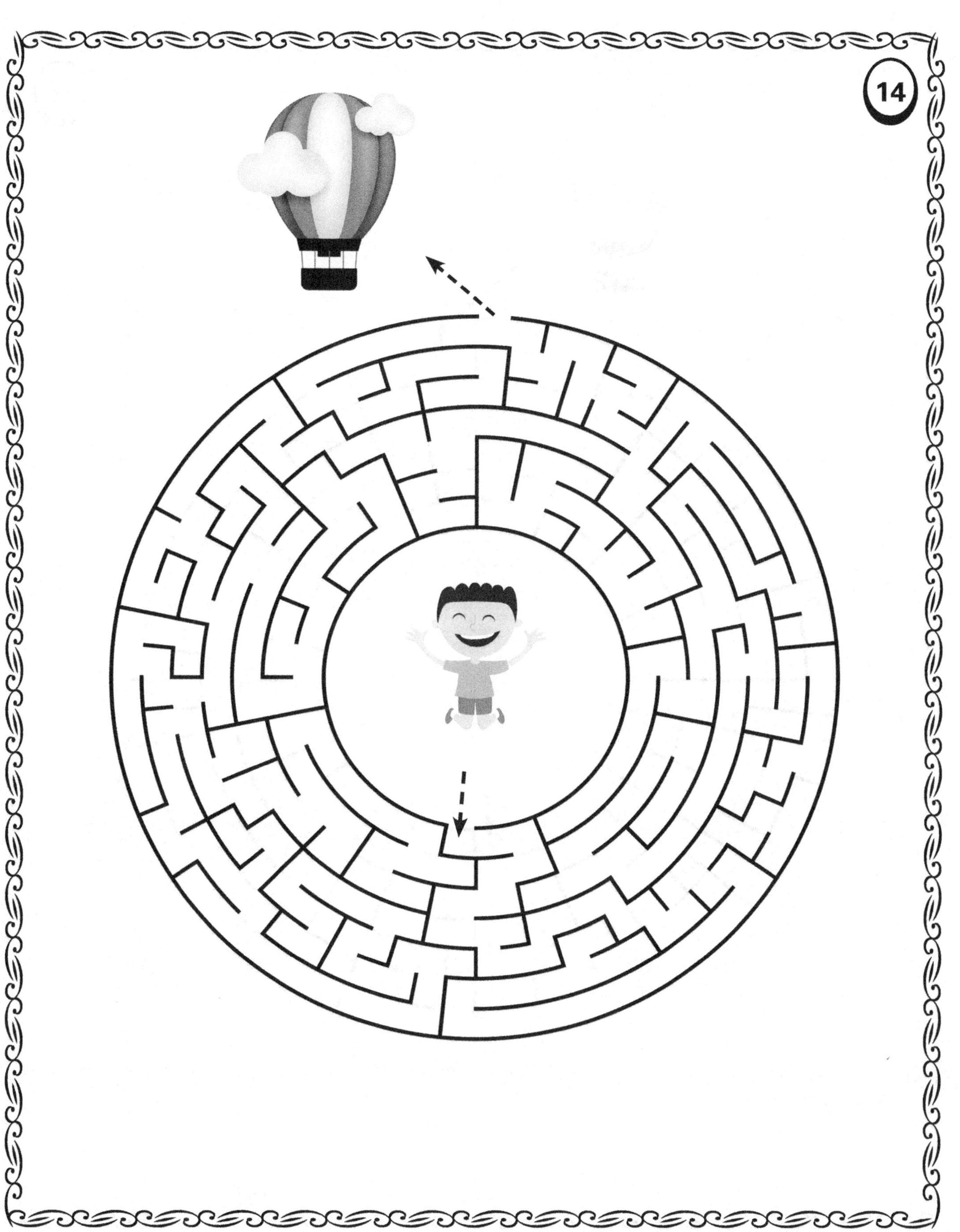

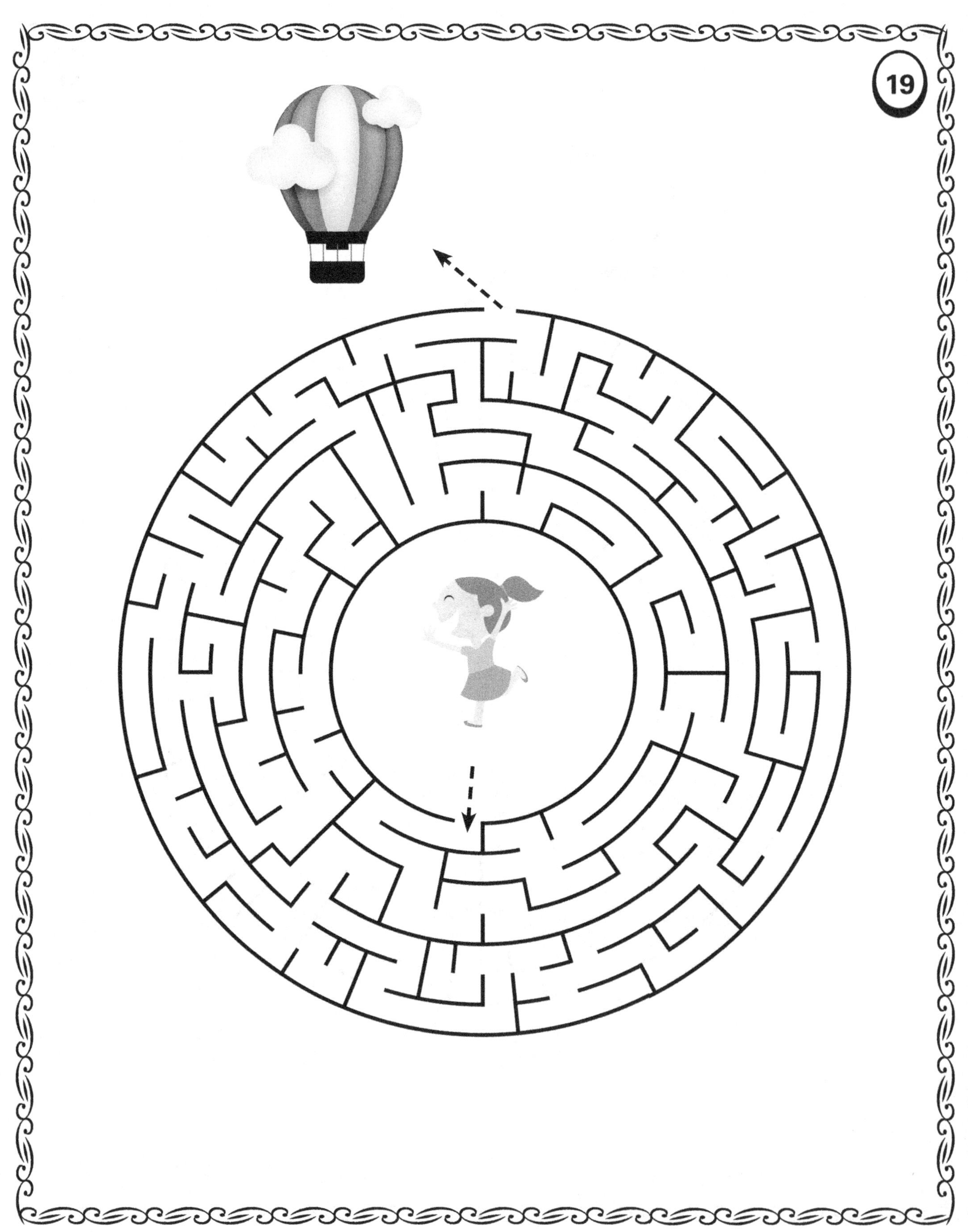

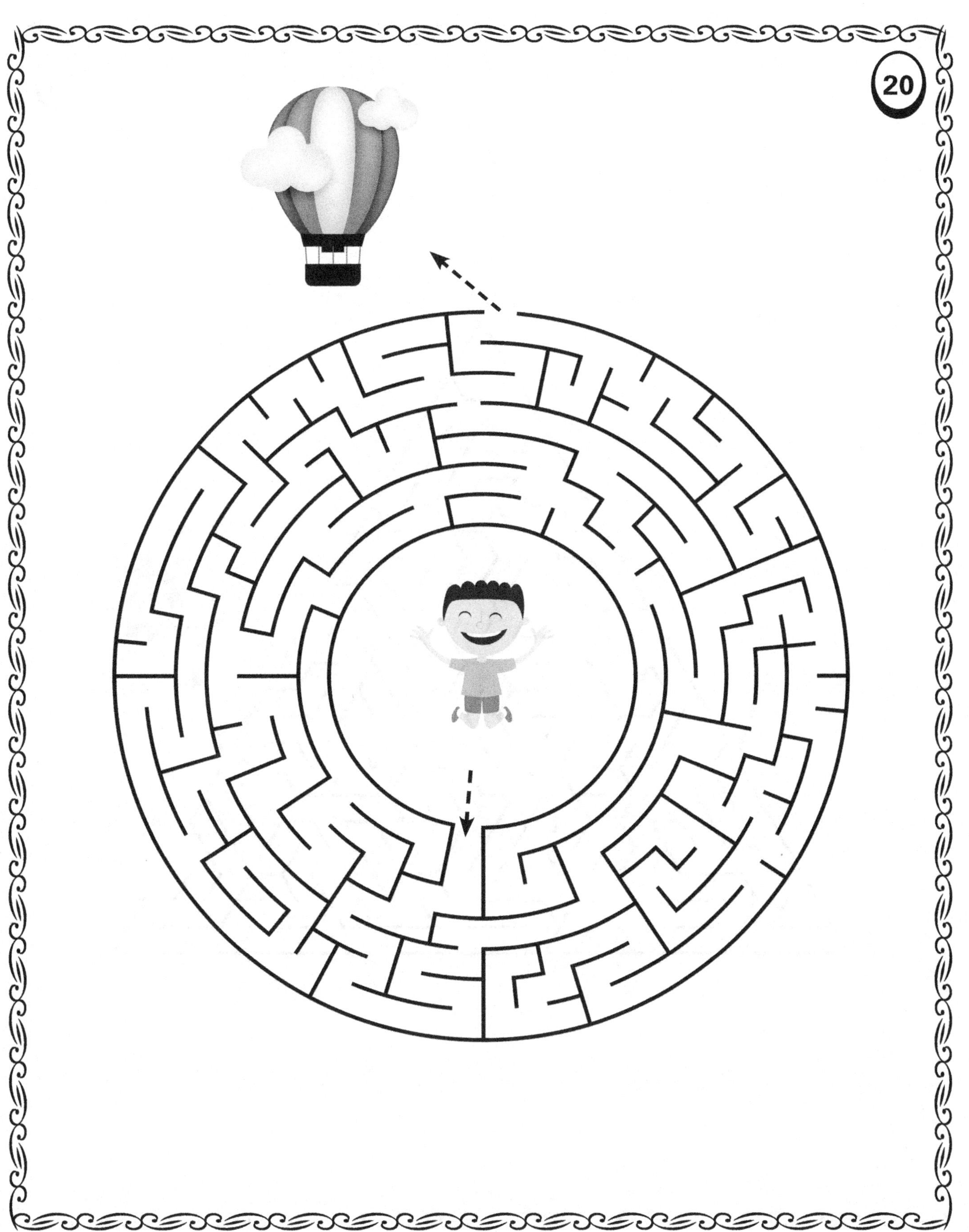

How to Draw

CAN YOU DRAW THIS?

Use the lines as your guide
to draw the picture!

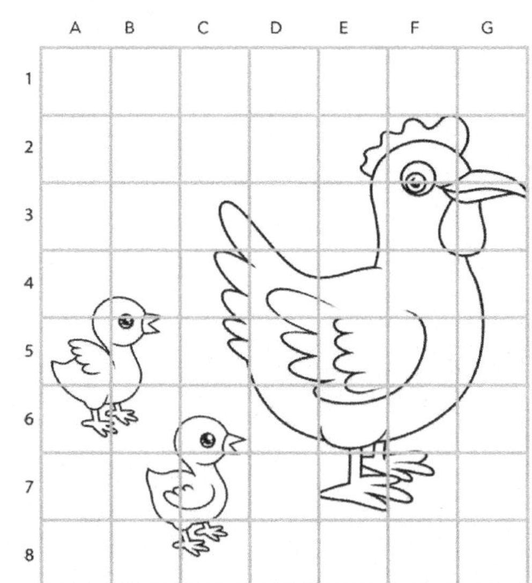

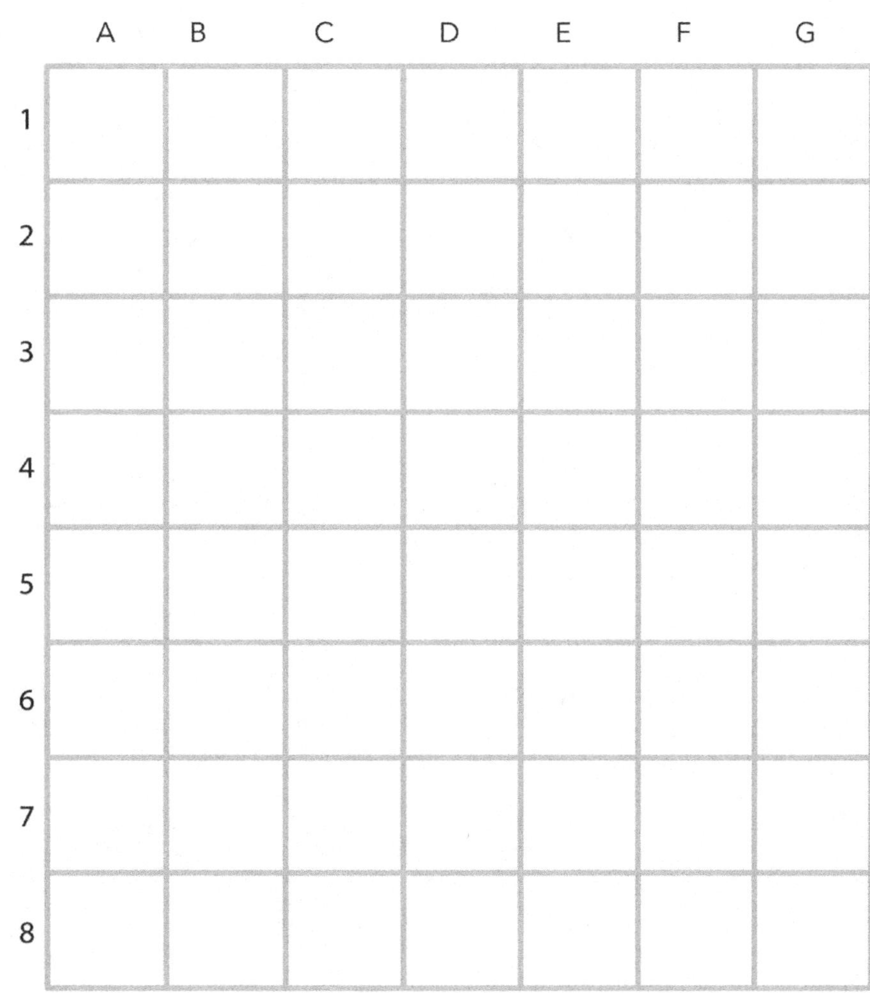

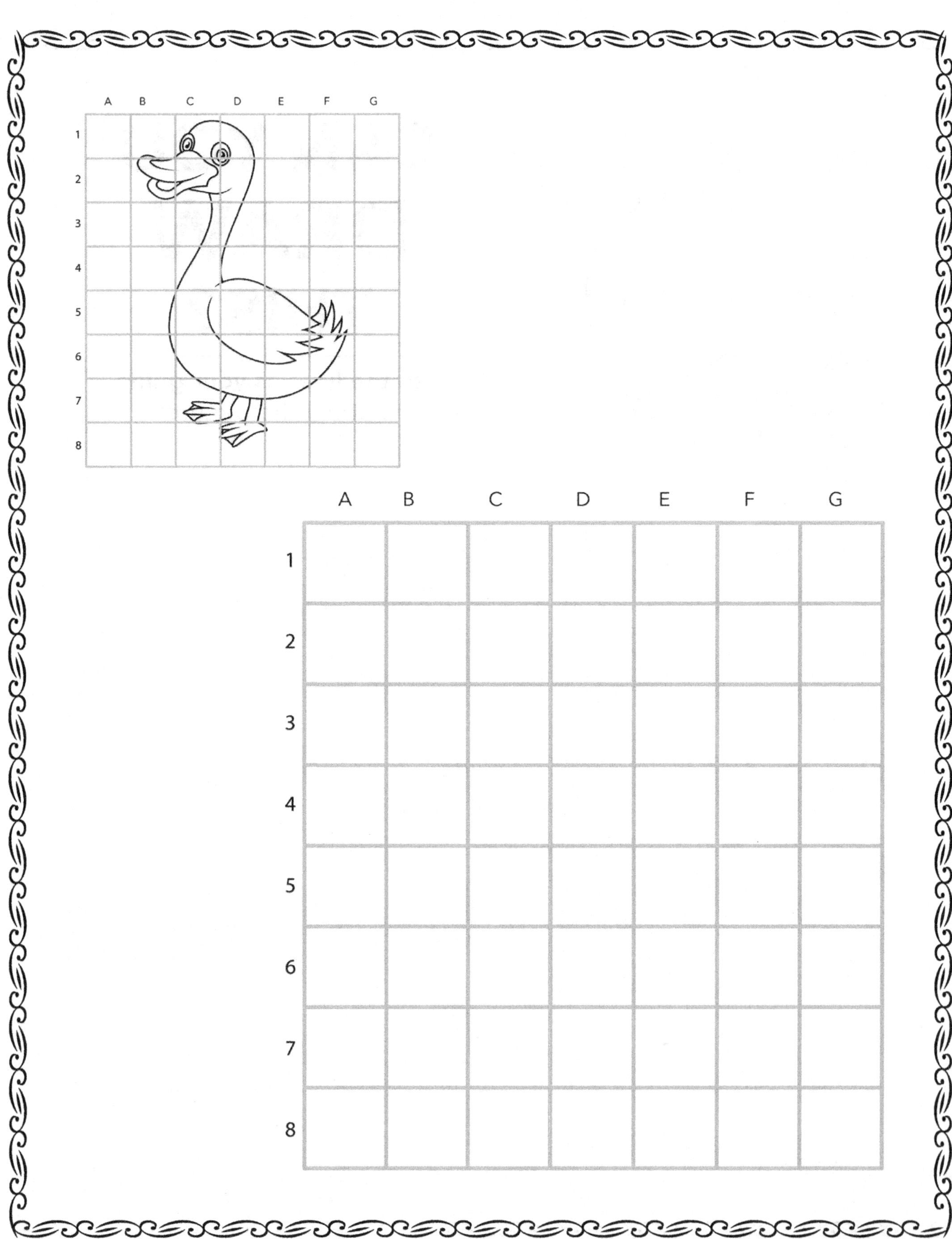

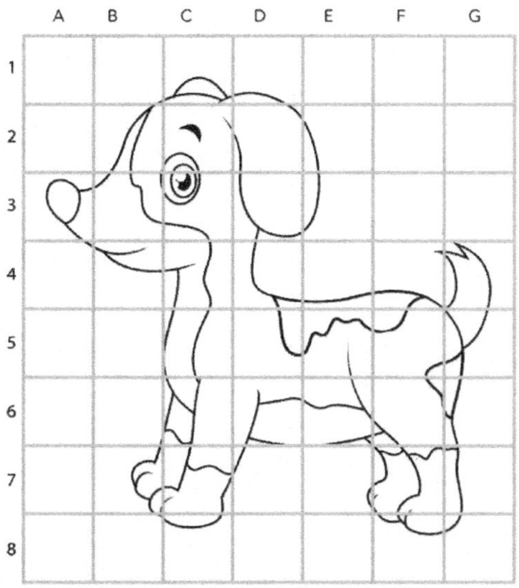

A B C D E F G

1
2
3
4
5
6
7
8

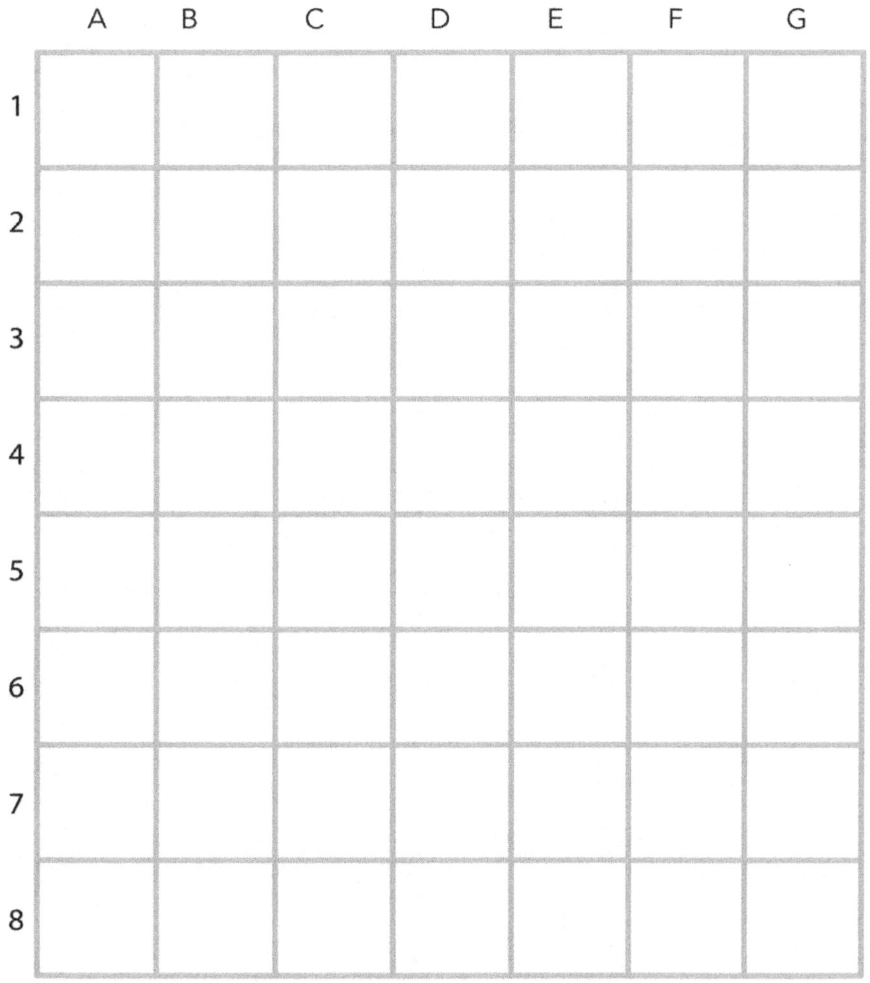

A B C D E F G

1
2
3
4
5
6
7
8

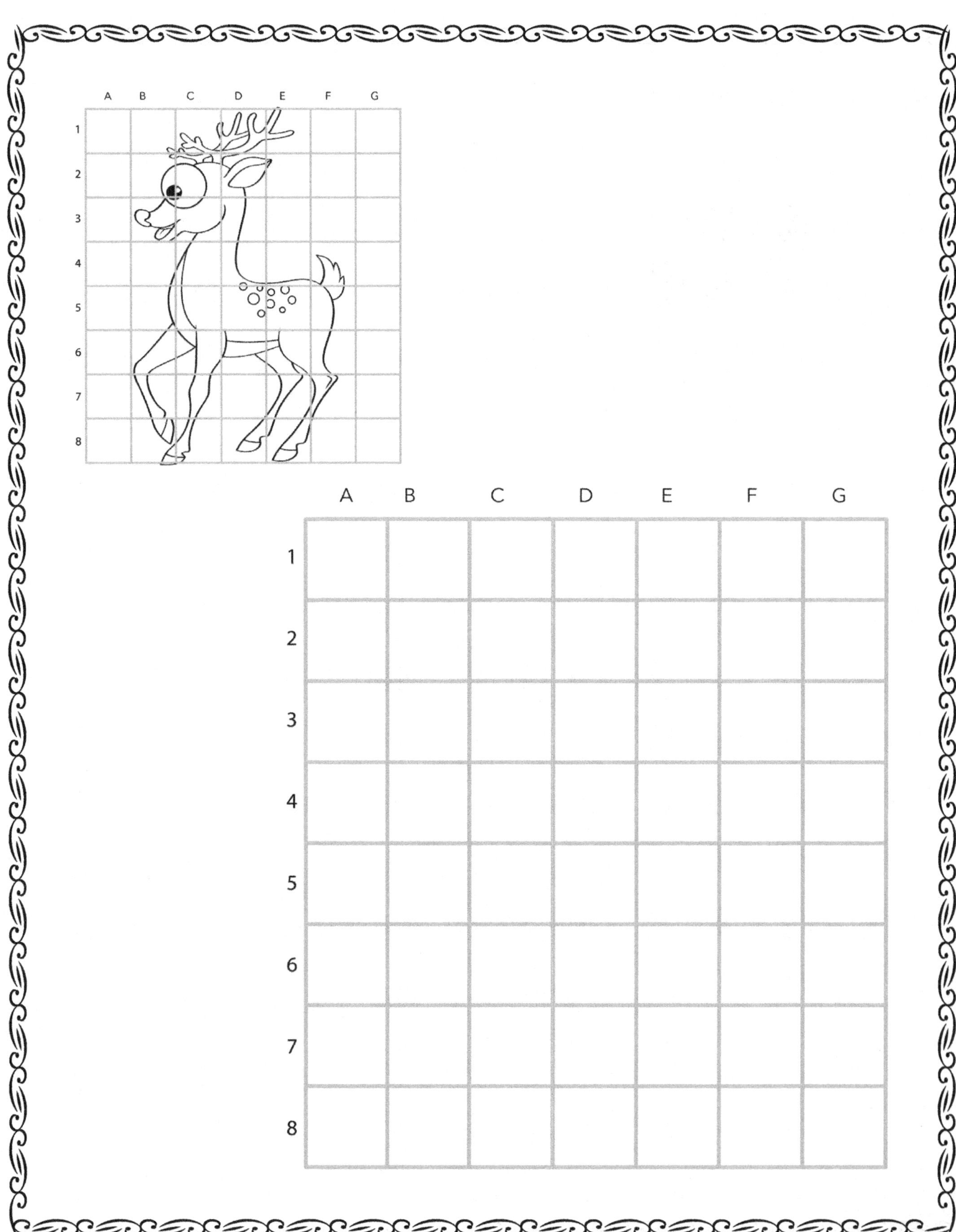

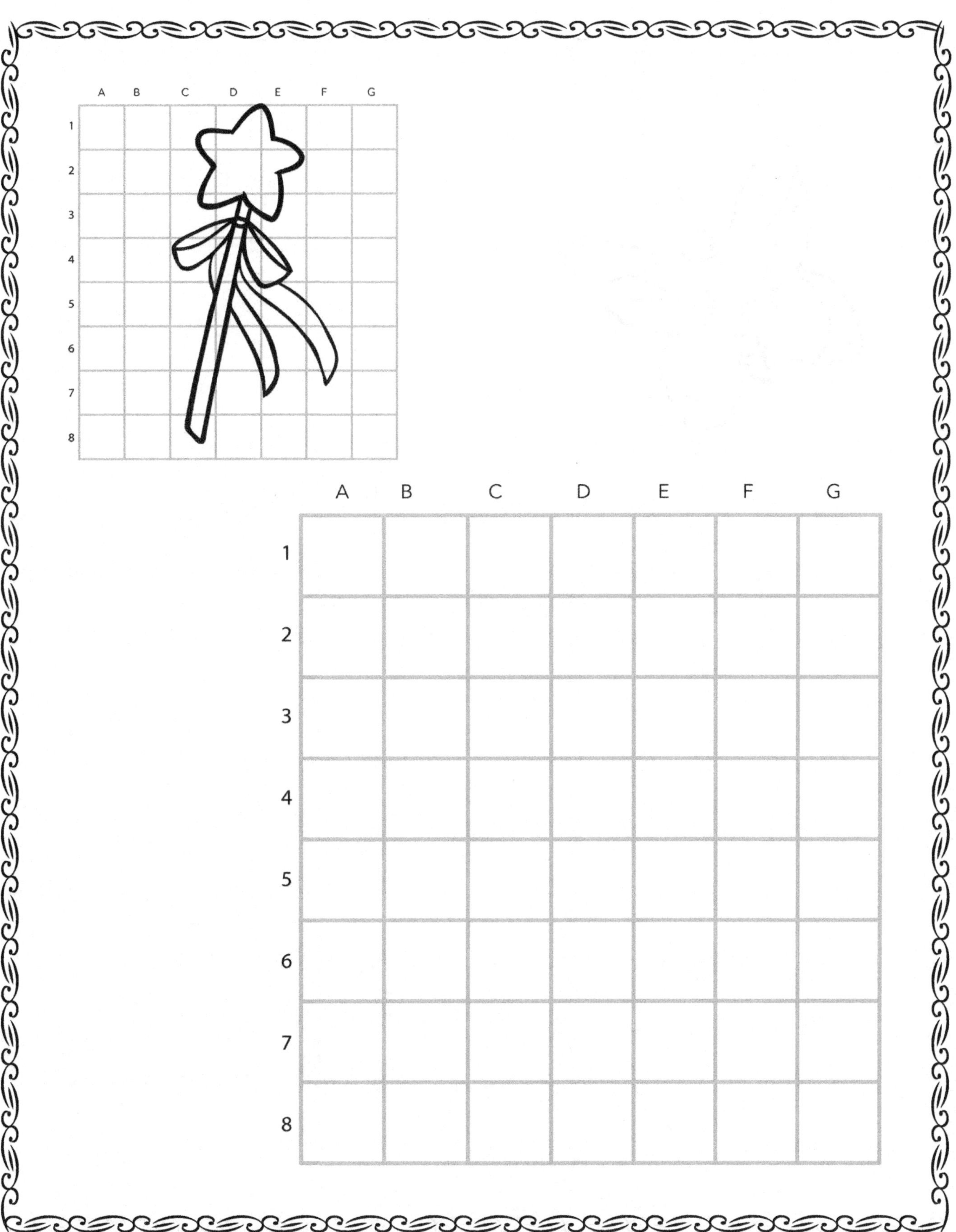

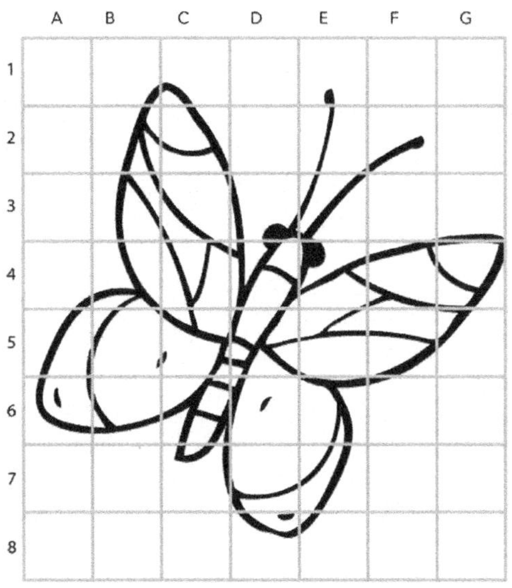

A B C D E F G

1
2
3
4
5
6
7
8

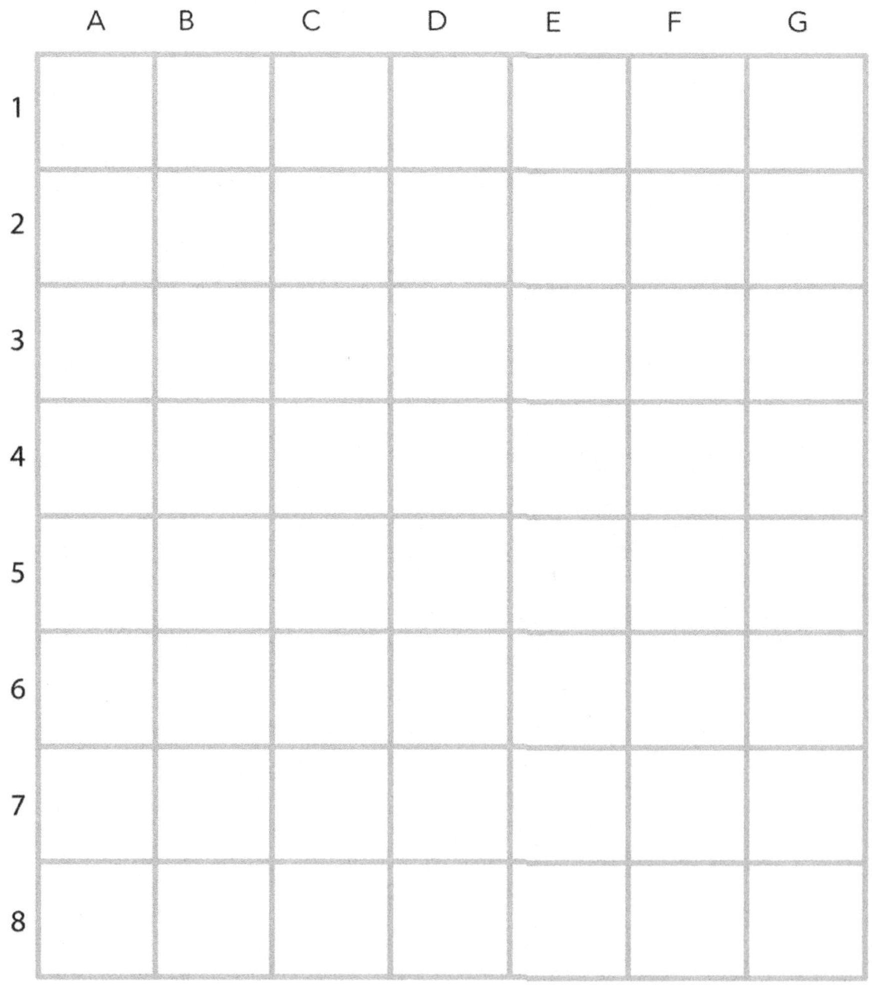

A B C D E F G

1
2
3
4
5
6
7
8

A B C D E F G
1 2 3 4 5 6 7 8
A B C D E F G 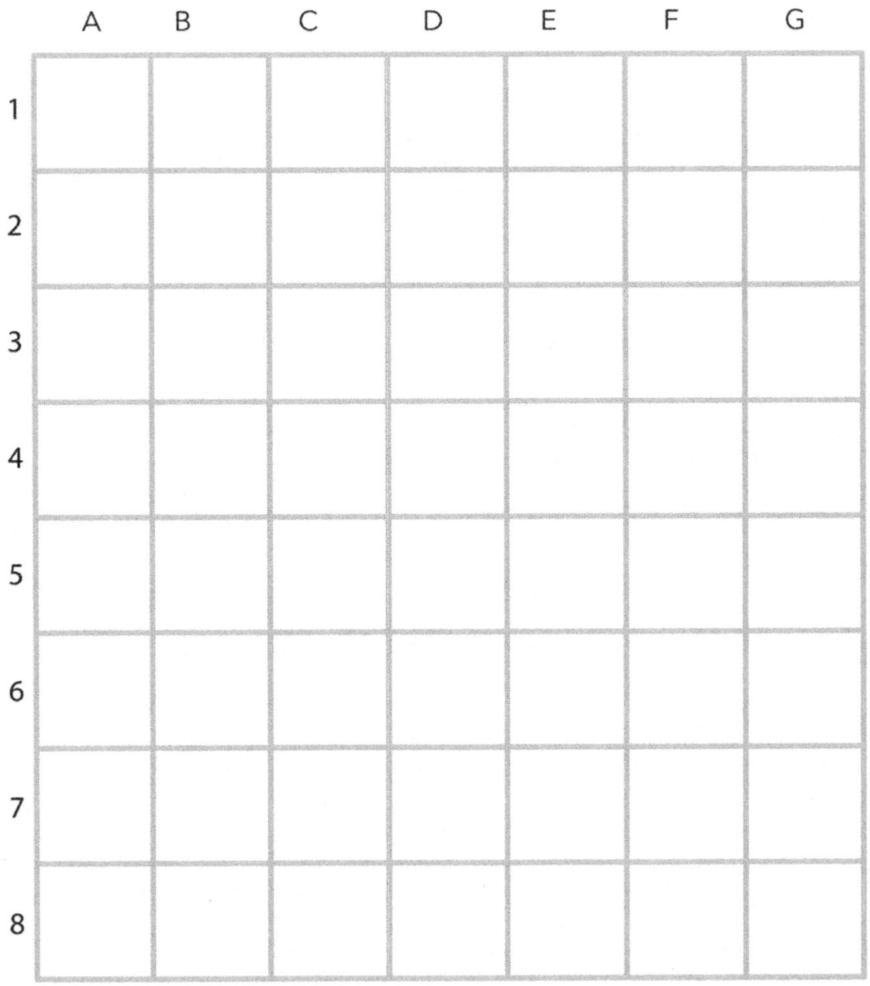
1 2 3 4 5 6 7 8

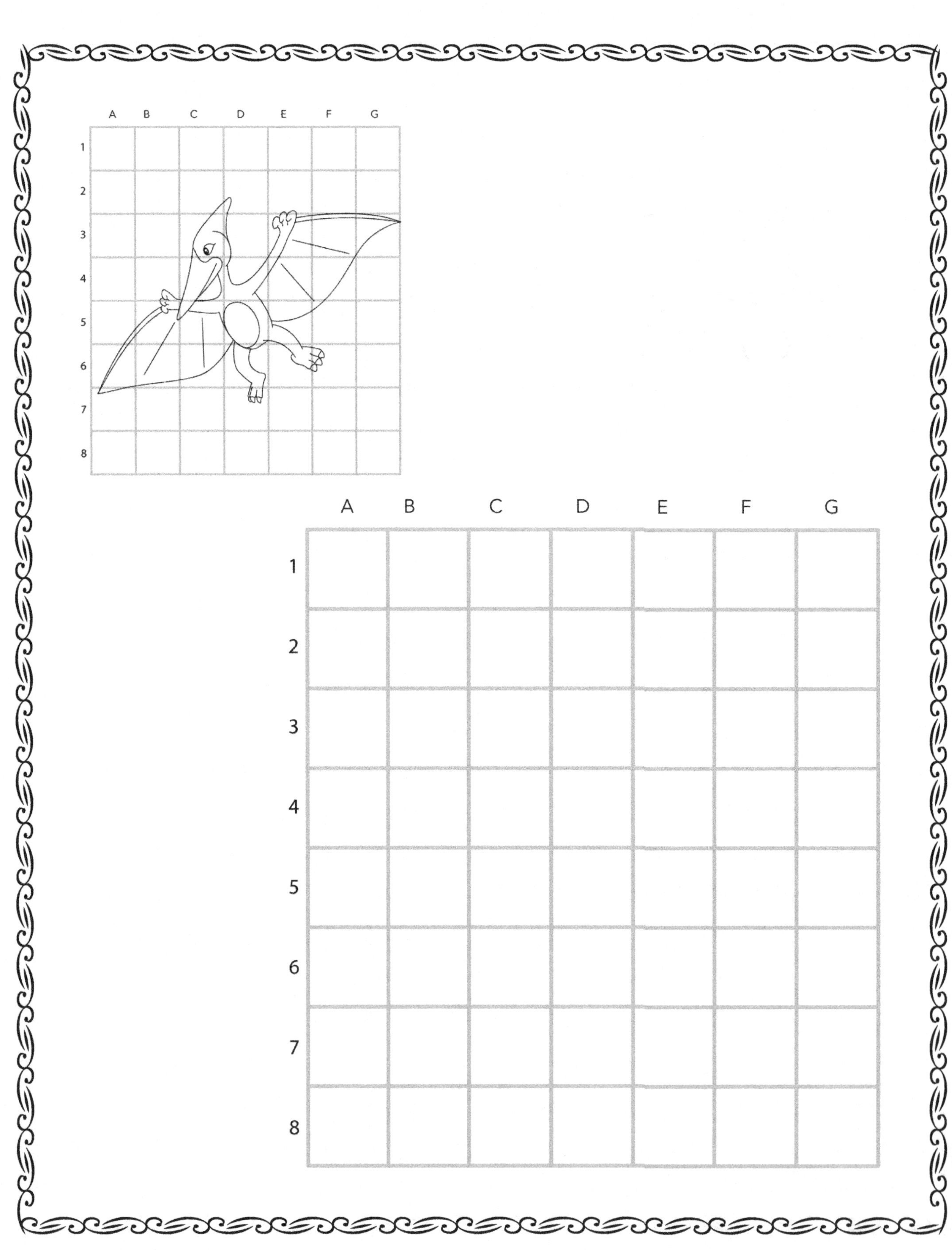

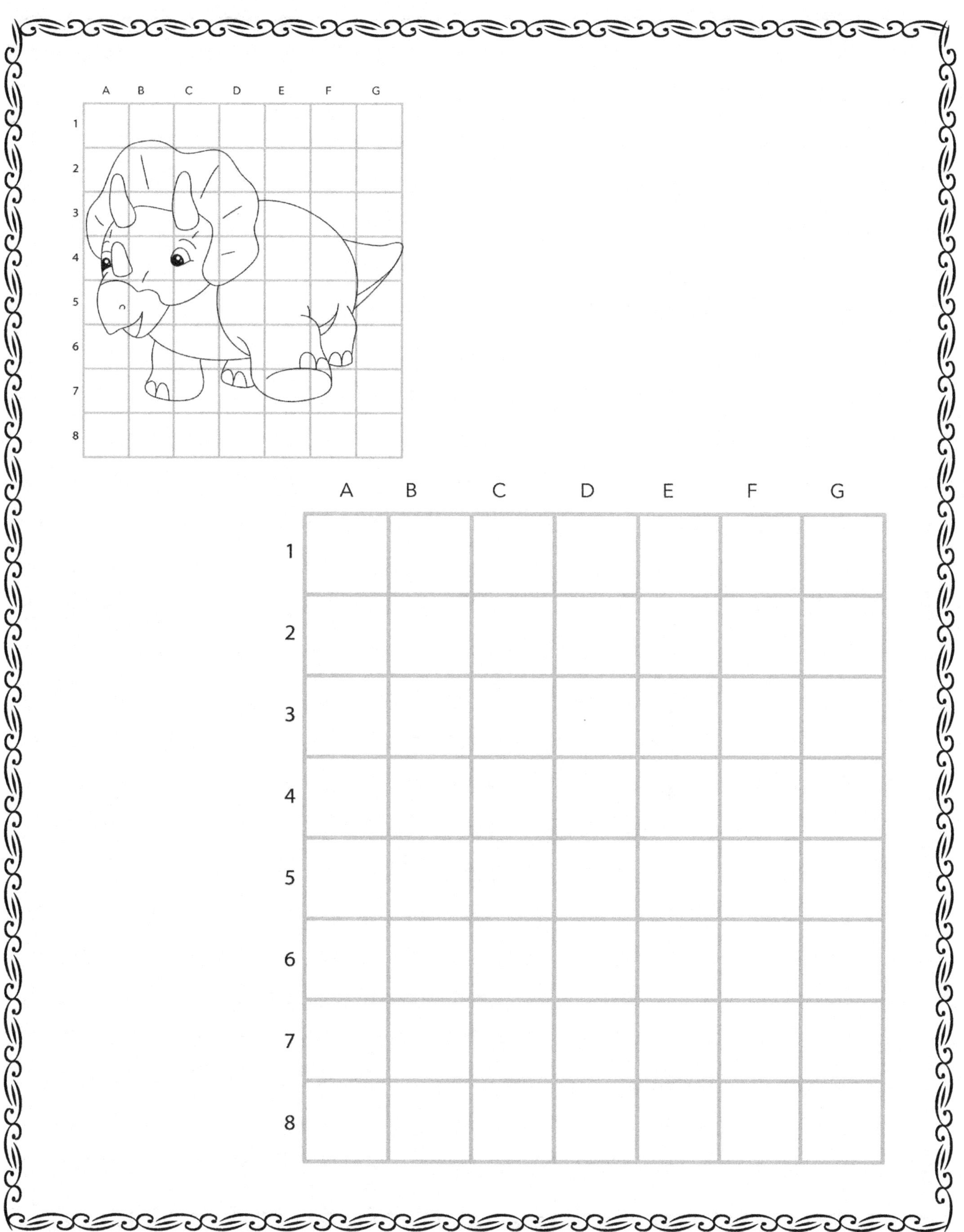

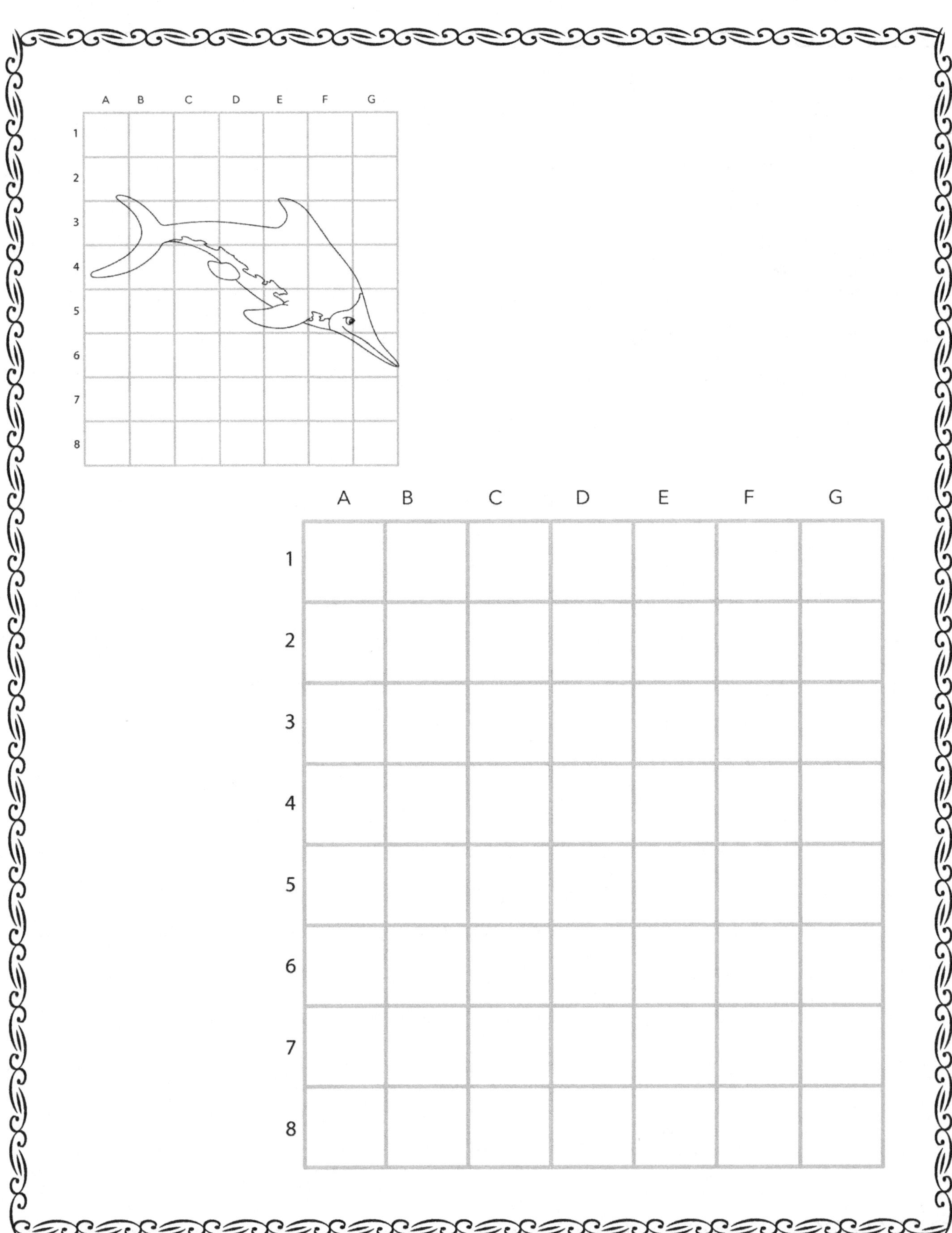

A	B	C	D	E	F	G

	A	B	C	D	E	F	G
1							
2							
3							
4							
5							
6							
7							
8							

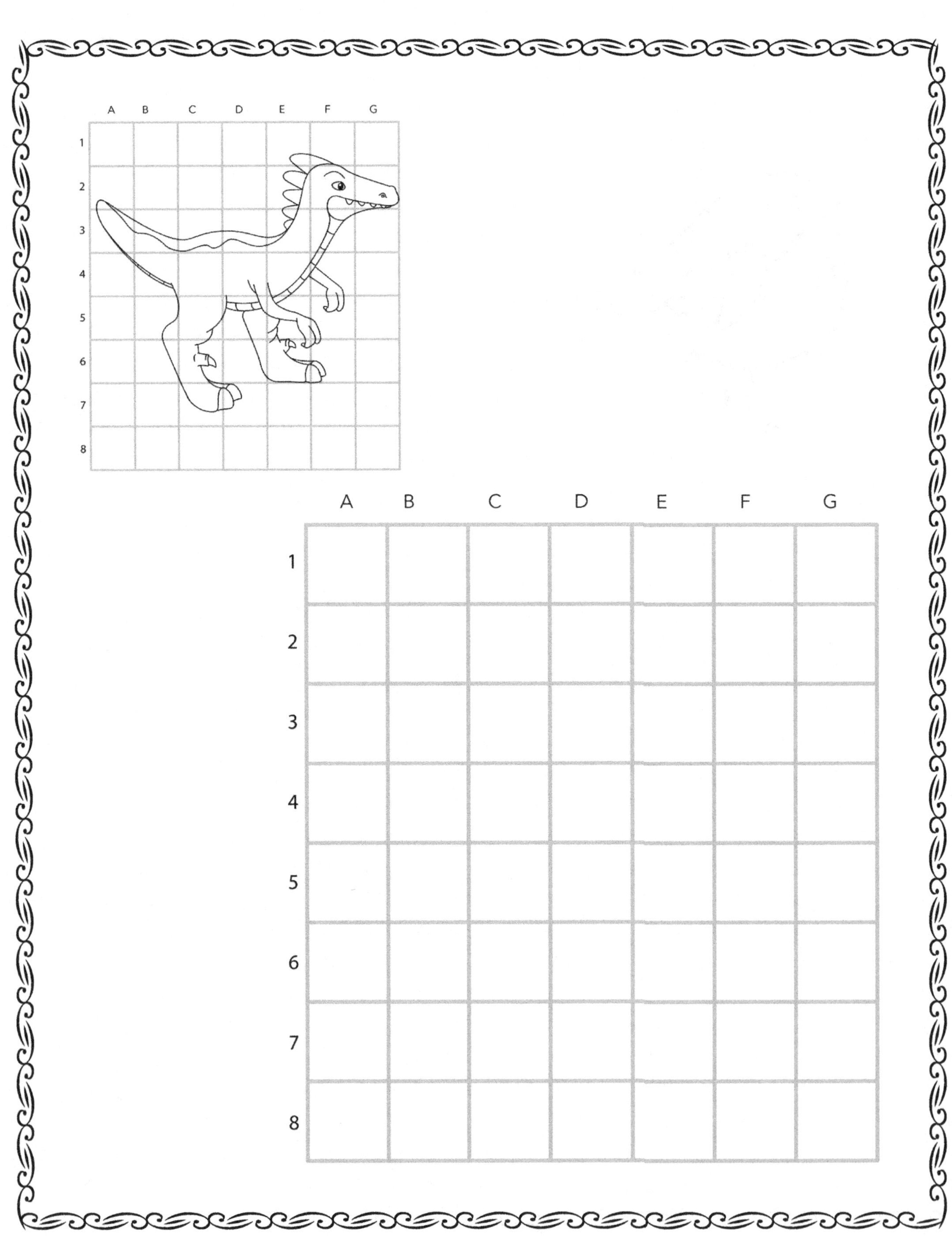

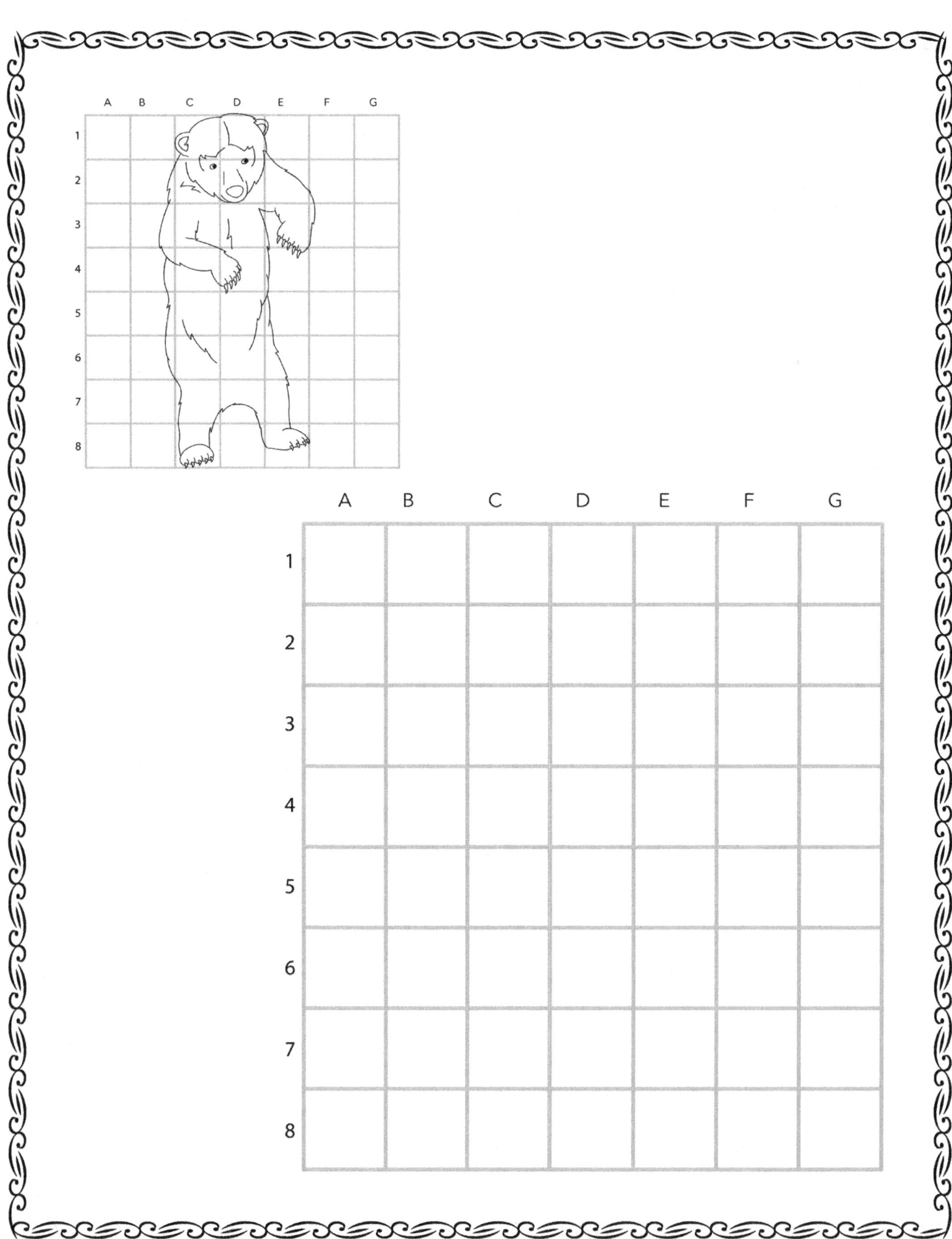

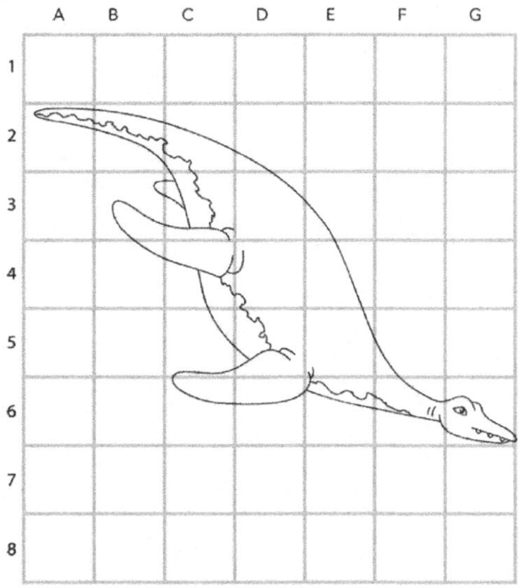

A B C D E F G

1
2
3
4
5
6
7
8

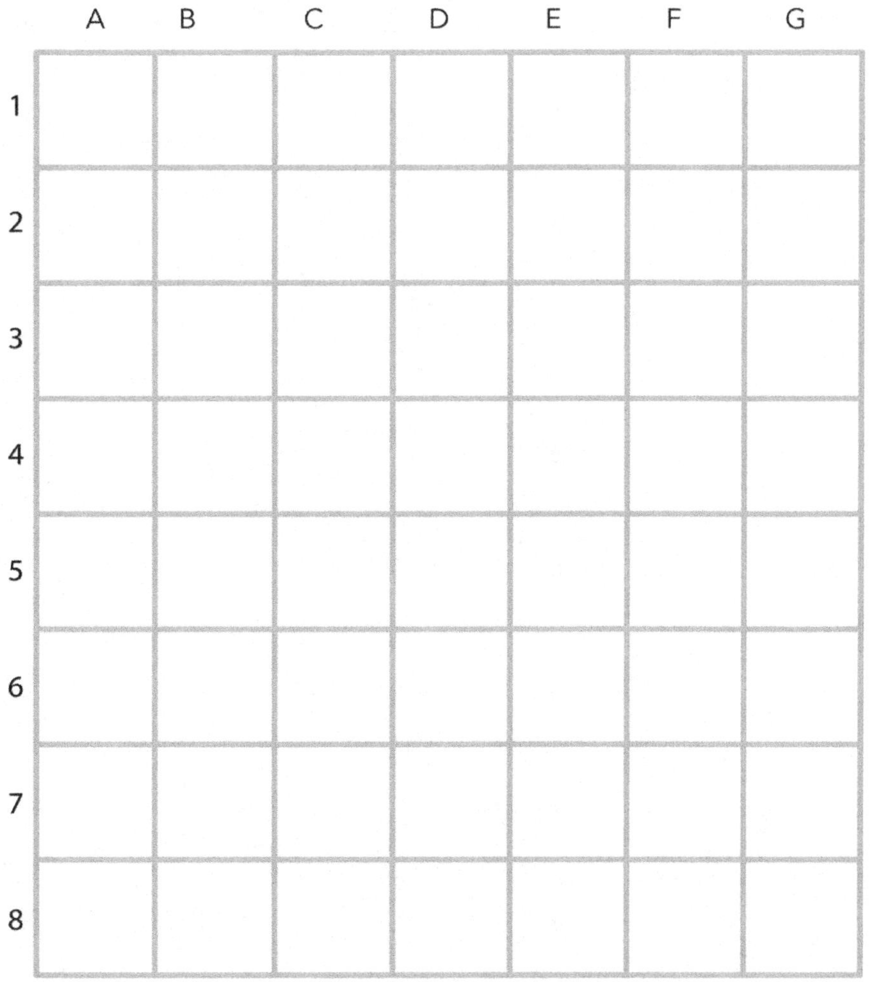

A B C D E F G

1
2
3
4
5
6
7
8

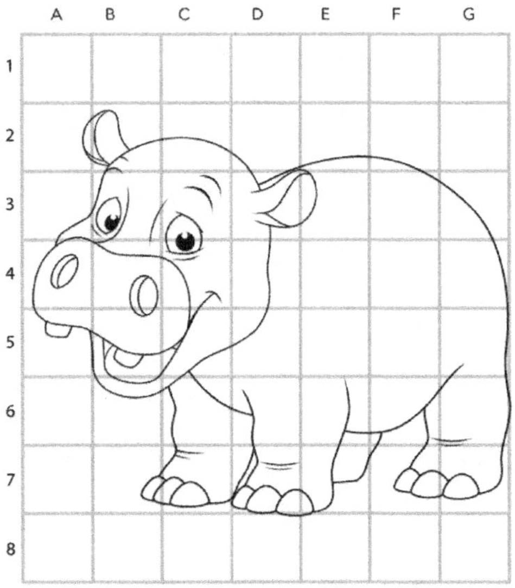

A B C D E F G
1
2
3
4
5
6
7
8

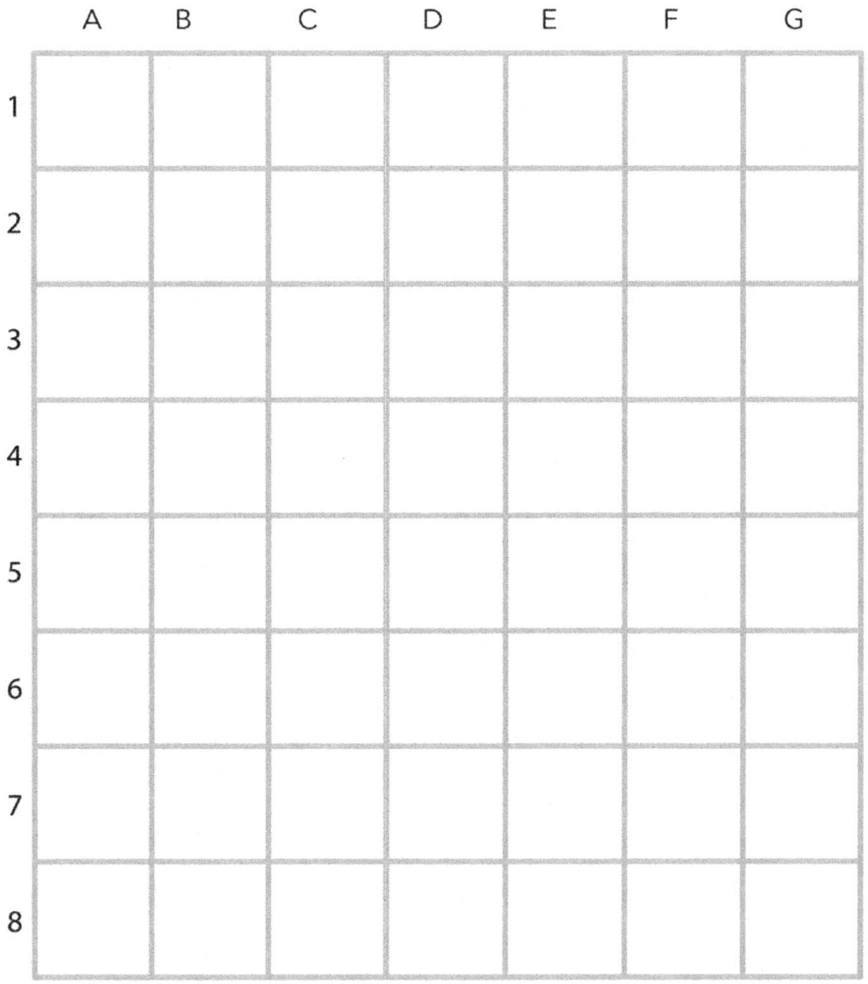

A B C D E F G
1
2
3
4
5
6
7
8

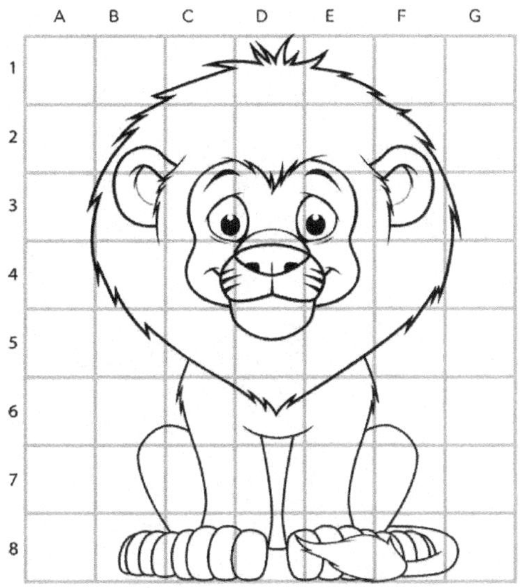

A B C D E F G
1
2
3
4
5
6
7
8

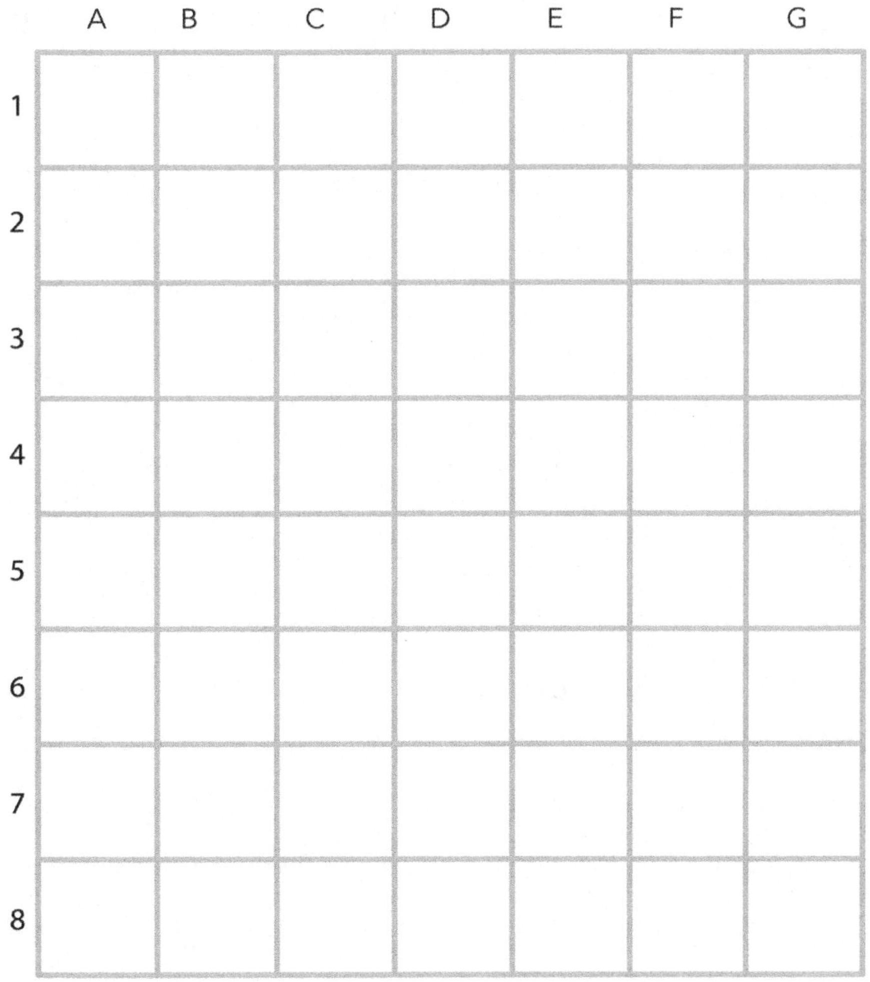

A B C D E F G
1
2
3
4
5
6
7
8

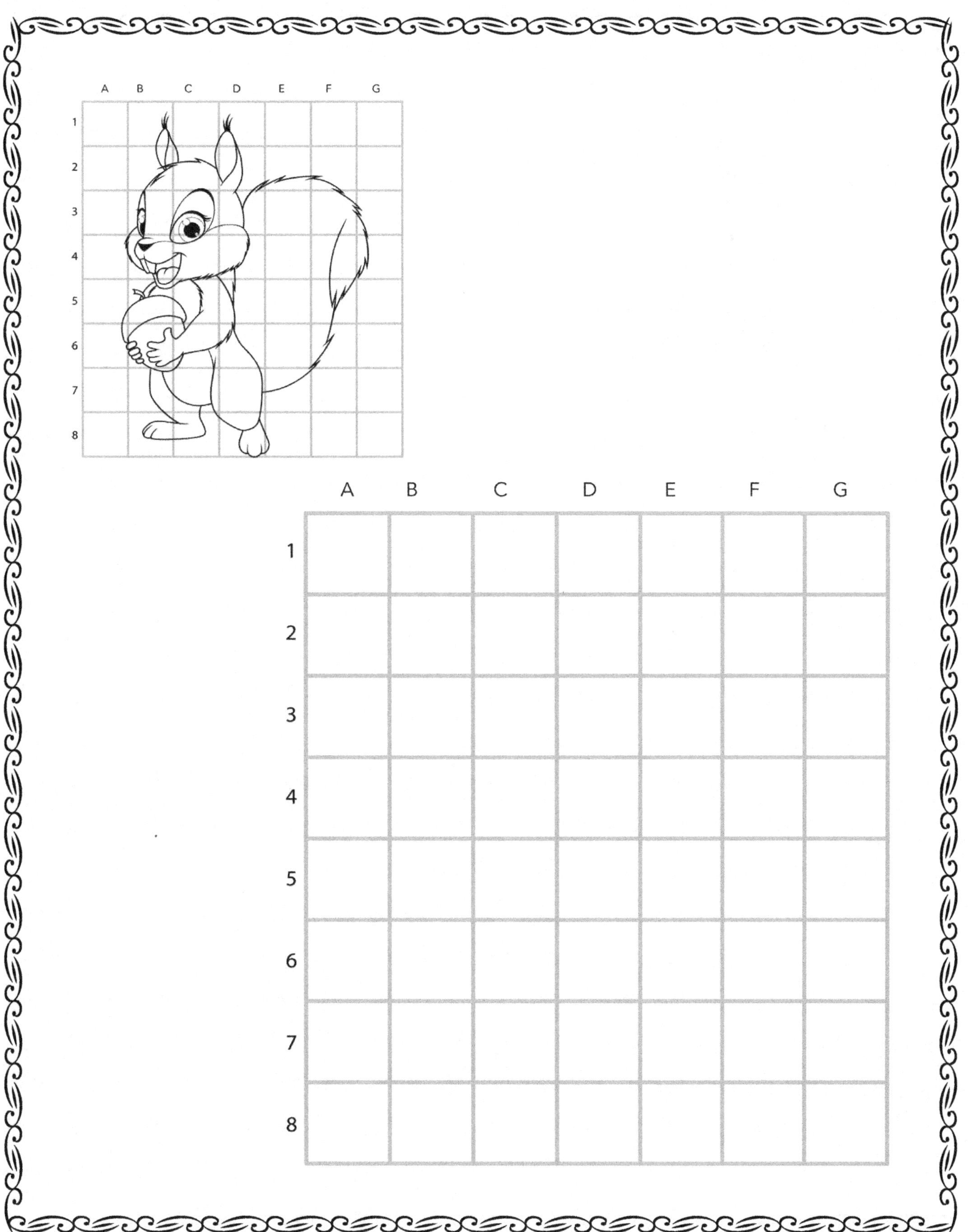

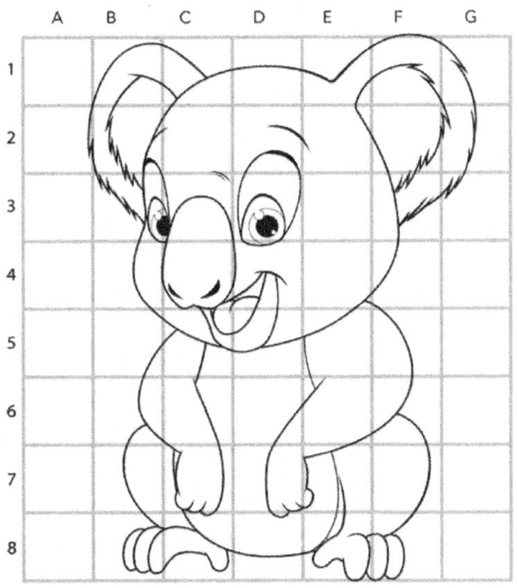

A B C D E F G

1
2
3
4
5
6
7
8

A B C D E F G

1
2
3
4
5
6
7
8

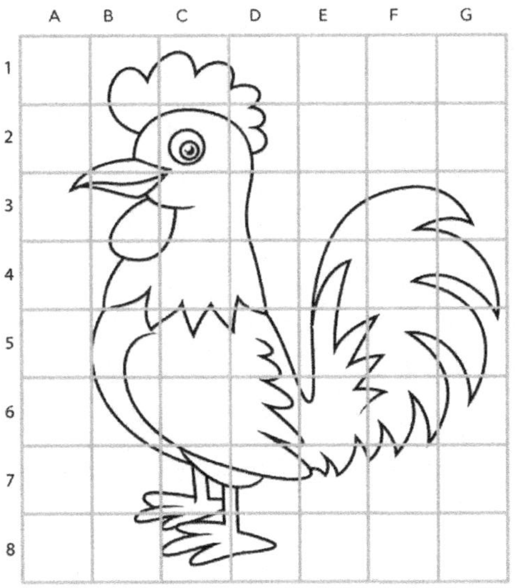

A B C D E F G

1
2
3
4
5
6
7
8

A B C D E F G

1
2
3
4
5
6
7
8

ANSWER KEYS (MAZES)

1

2

3

4

5

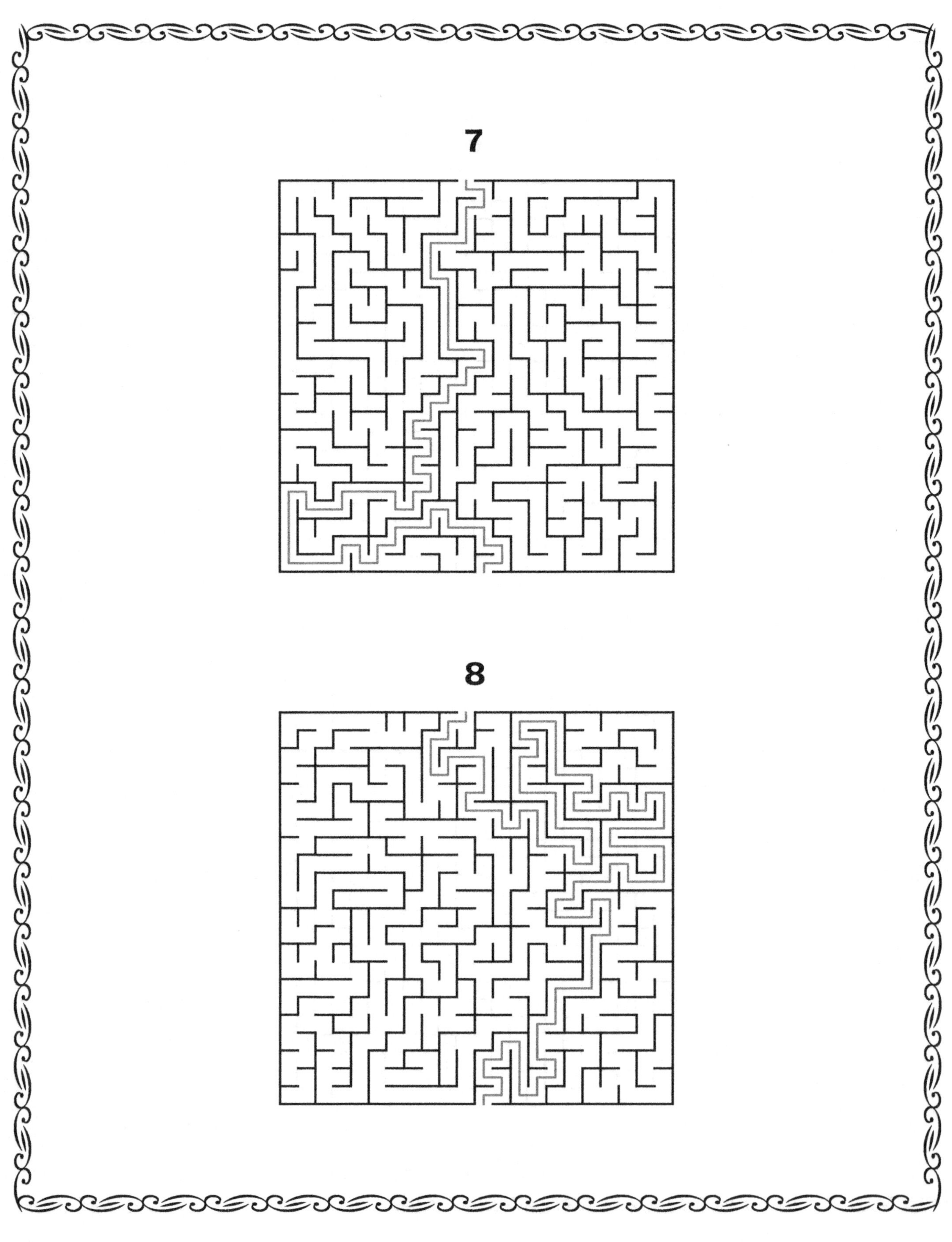

7
8

9

10

11

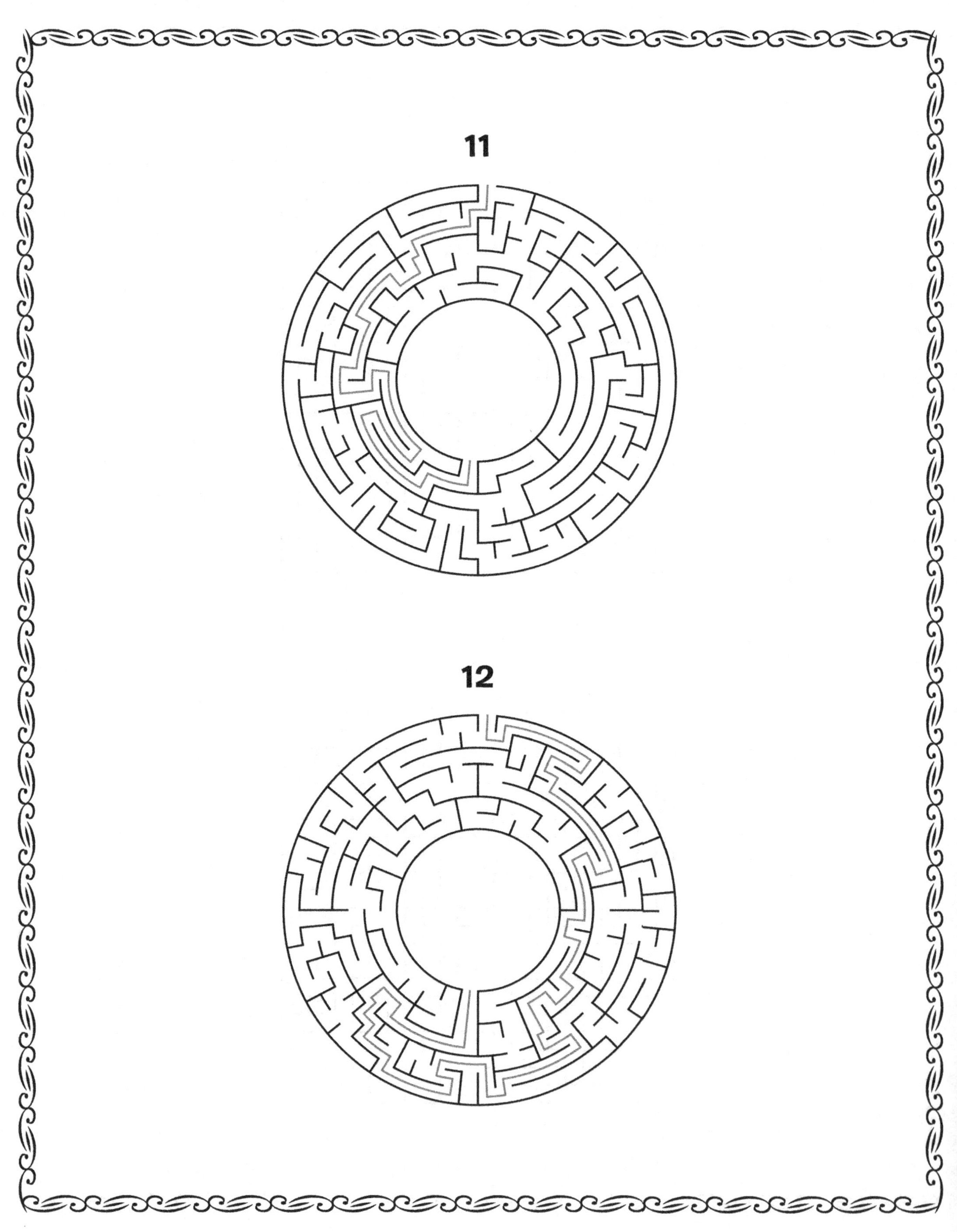

12

13

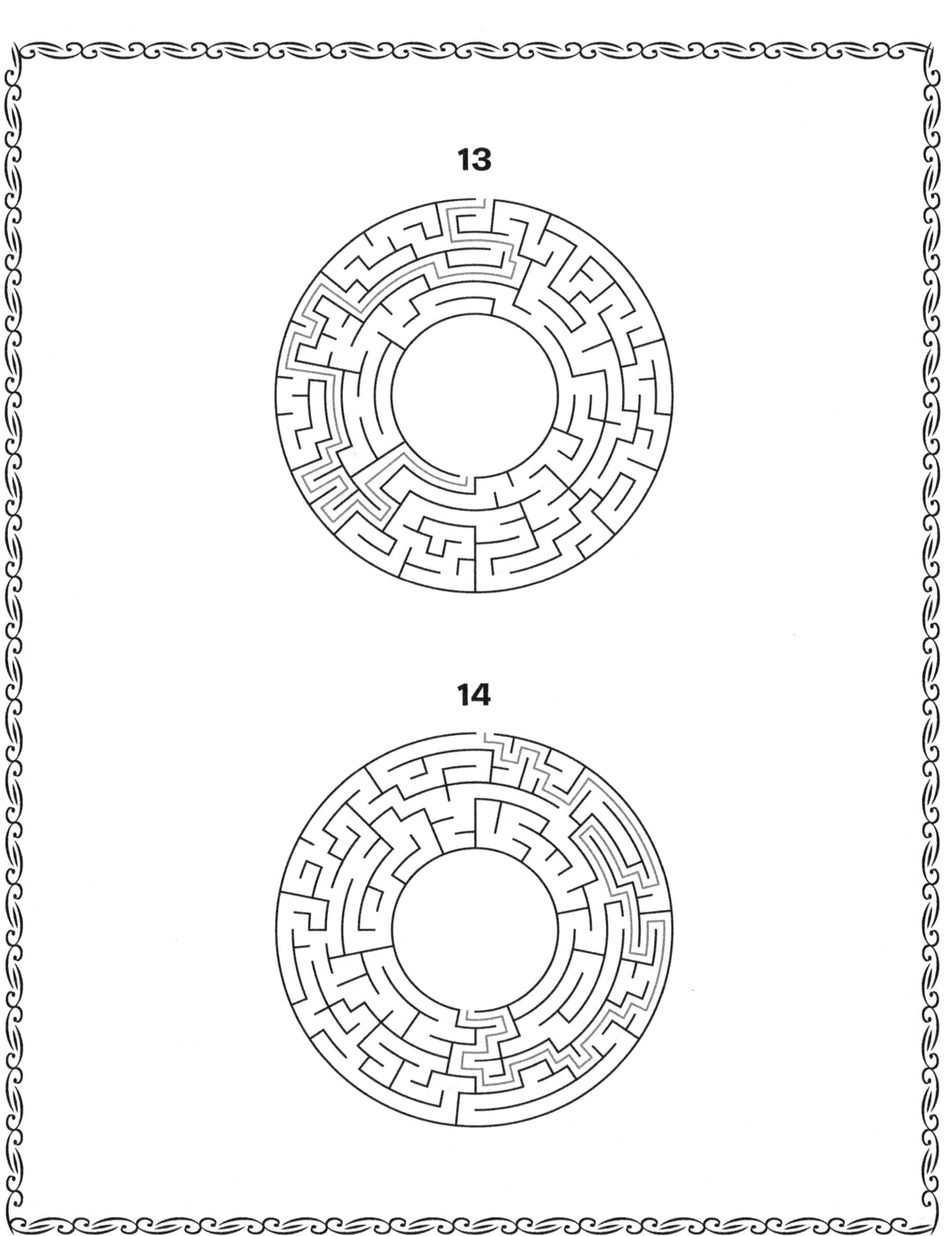

14

15

16

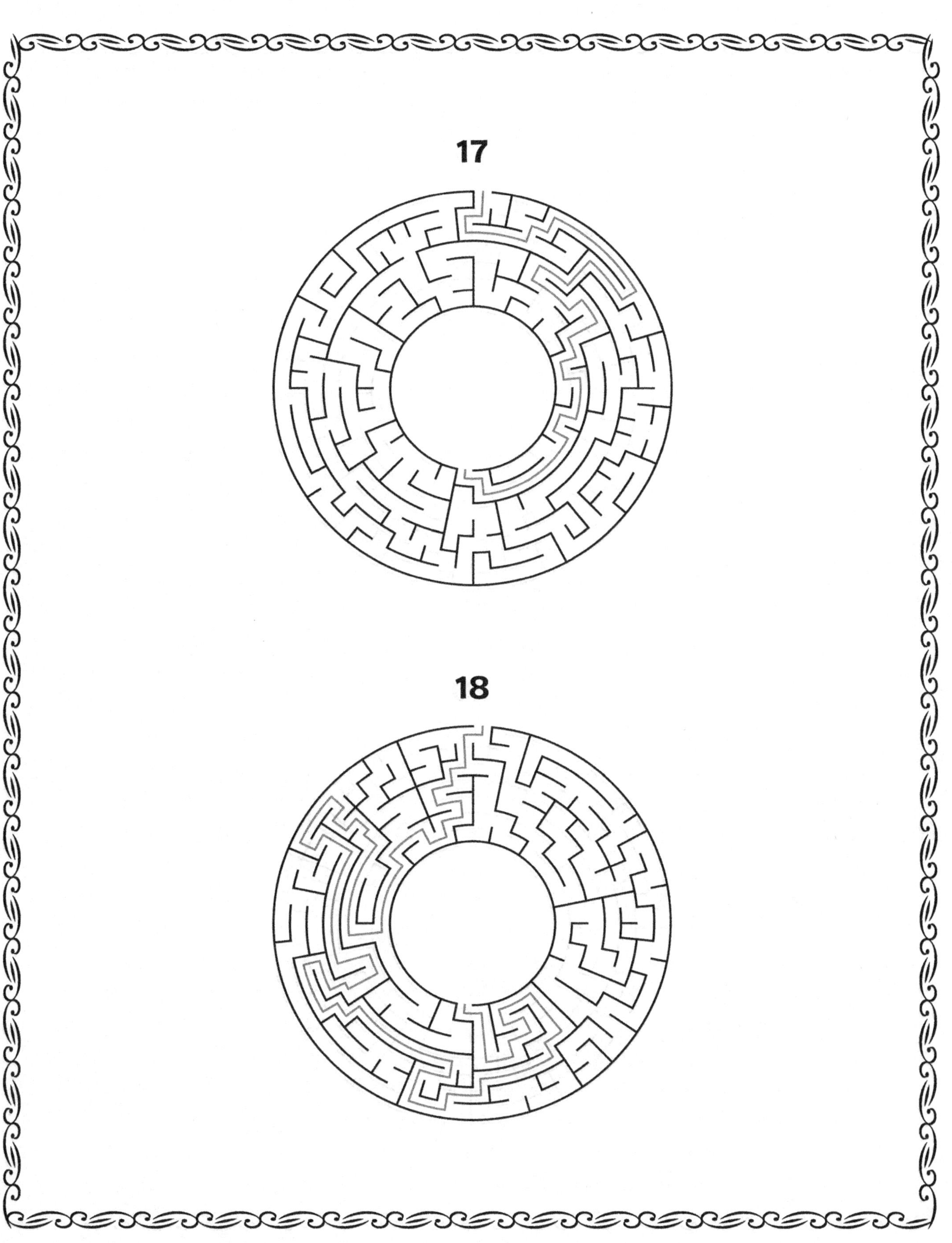

17

18

19

20

21

22

23

24

25

26

27

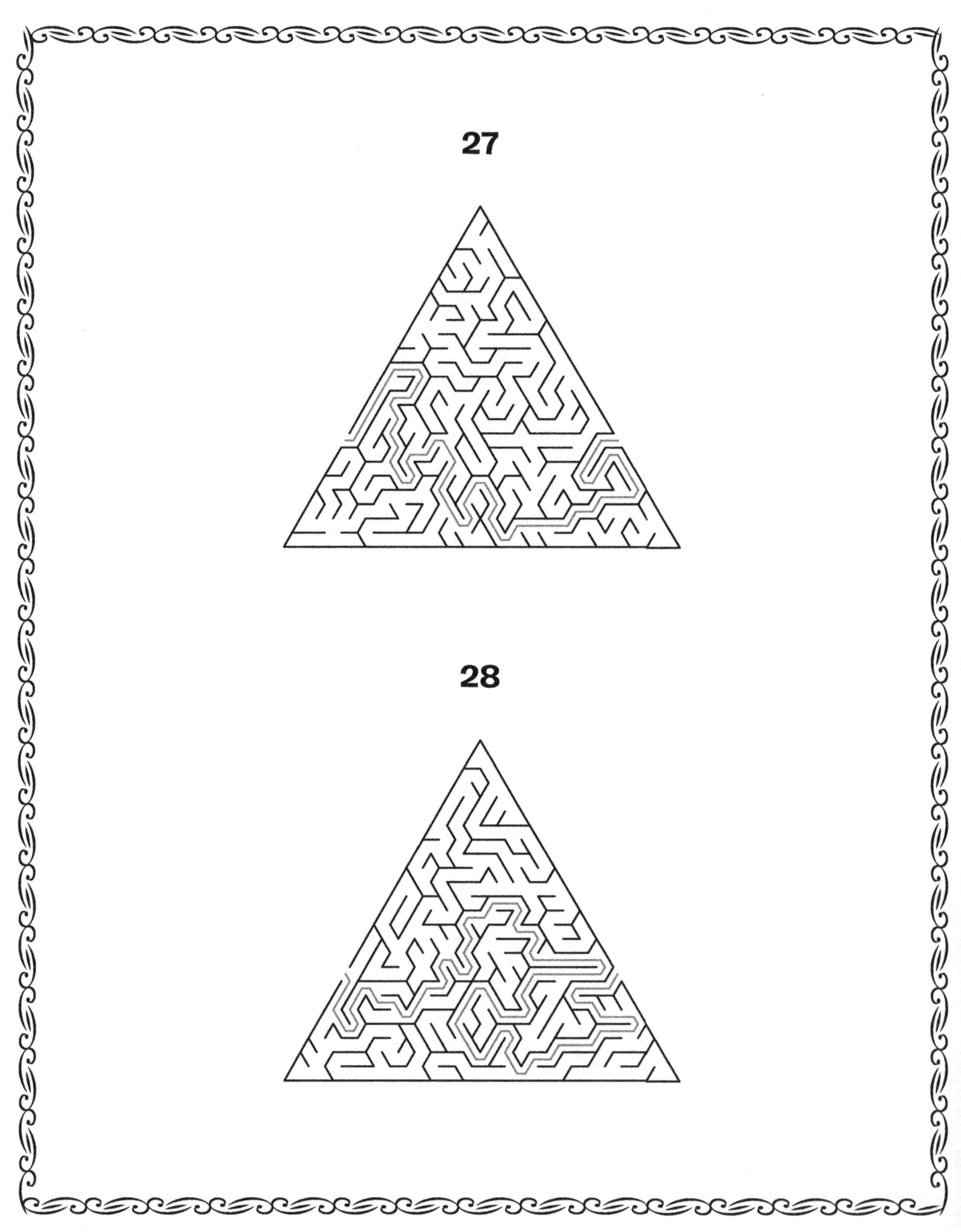

28

29

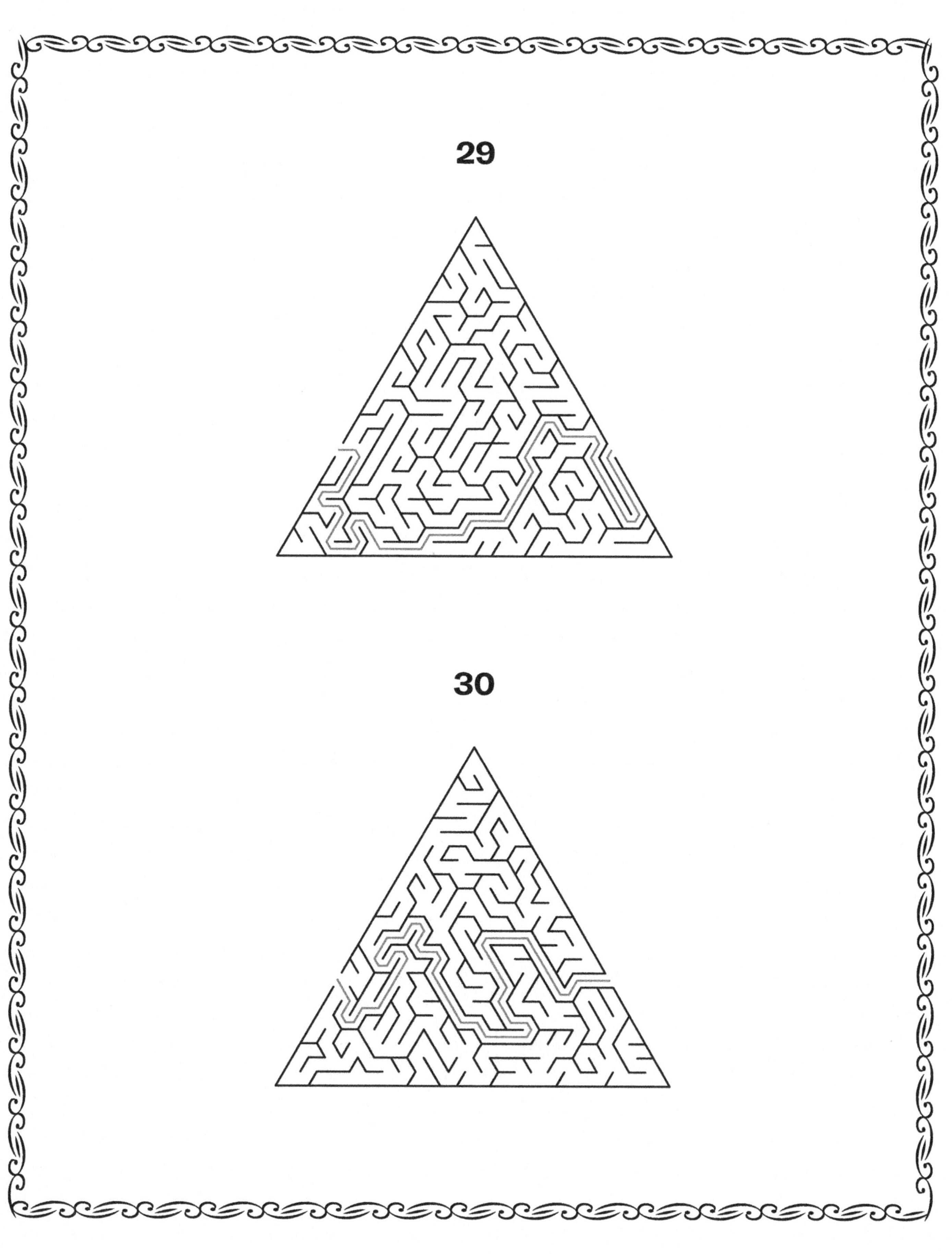

30

Made in the USA
Monee, IL
07 July 2026

56547073R00046